しゃりほつの

舎利弗の物語

阿弥陀経の黙った主役

大窪康充 著

ものがたり

京都月出版

【凡例】

聖教の多くは『真宗聖典』（東本願寺出版部刊）からの引用であり、

・『仏説阿弥陀経』は引用文の後、（　）内に『真宗聖典』の頁数を記しています。

・『仏説阿弥陀経』以外は、（　）内に原典名と『真宗聖典』の頁数を記しています。

次の経典・書籍は左記のように略記しています。

・『大正新修大蔵経』→『大正蔵』

・『真宗聖教全書』→『真聖全』

刊行にあたって

釈尊在世の仏弟子たちは、その後に生まれた大乗経典（紀元後一世紀ごろ）において、どのように変遷し描かれていくのでしょうか。仏弟子のひとり舎利弗は、大乗経典を代表する『維摩経』、『法華経』、『阿弥陀経』における中心人物として、さまざまなすがたとなって描かれています。対話のなかで在家信者に論破されたり、はじめて自らの誤りに気づき成仏の約束を得たり、最後まで釈尊の呼びかけに対して無言を貫いたり。経典を漢訳した鳩摩羅什（四世紀頃）は、大乗の仏道を中国に根付かせる行程において、舎利弗をキーパーソンのひとりとして見ていたのではないでしょうか。

本書は、『舎利弗の物語』と題して、仏に成れないはずの舎利弗が、具体的にどのような経緯をへて念仏往生の成仏道を歩み出したのか、『阿弥陀経』の内容を中心に論じてみたいと思います。尚、ご門徒の皆さまには、本文を中心に目を通していただきたく、『阿弥陀経』以外の論拠にあたる資料はできるだけ注釈としてまとめさせていただきました。

二〇二三（令和五）年文月

著者しるす

もくじ

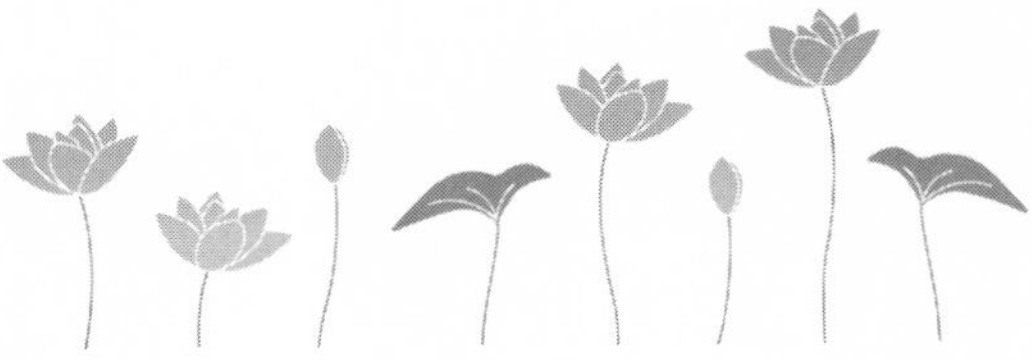

はじめに

「このお経にはどんなことが書かれてあるのですか？」

ある月参り、ご門徒からの素朴な問いかけでした。その場で概略をお話ししたものの、なかなか伝わらないもどかしさを感じました。振り返れば、「極楽国土《ごくらくこくど》」「念仏往生《ねんぶつおうじょう》」「臨終来迎《りんじゅうらいごう》」「称名念仏《しょうみょうねんぶつ》」など、仏教用語を並べて解説しただけだったように思います。それ以来、私にとって身近に感じていた『阿弥陀経《あみだきょう》』がすごく遠い存在になってしまいました。そこで、どうしたら『阿弥陀経』の中身が相手のこころに少しでも響き、私のそばに戻ってきてくれるのだろうかと自問自答したとき、ふと思いついたのは、物語として捉えたらどうかということでした。物語には主役がいなければなりません。それが舎利弗《しゃりほつ》という人物でした。

仏教の経典は、八万四千《はちまんしせん》の法門《ほうもん》と言われるほど数多くあるのですが、釈尊の前世《ぜんせ》の物語をはじめ、『般若経《はんにゃぎょう》』の常啼菩薩《じょうたいぼさつ》、『華厳経《けごんぎょう》』の善財童子《ぜんざいどうじ》、『維摩経《ゆいまぎょう》』の維摩居士《ゆいまこじ》、『勝《しょう》鬘経《まんぎょう》』の勝鬘夫人《しょうまんぶじん》など数多くの仏典物語が現代を生きる私たちに多大な影響を及ぼしています。[1] 浄土真宗の三部の経典である『大無量寿経《だいむりょうじゅきょう》』『観無量寿経《かんむりょうじゅきょう》』『阿弥陀経』も然り。そこに登場する法蔵菩薩《ほうぞうぼさつ》や阿難《あなん》、韋提希夫人《いだいけぶじん》などの求法《ぐほう》物語[2]は現代人の悩みを凝縮しているかのようで、時代を越えて私たちに大事なメッセージをくれるのです。

「物語を生きる――今は昔、昔は今」[3]（河合隼雄）

経典に登場するさまざまな人物が自らの物語をつくり、それを後の人々が自らの悩みと重ね合わせ語り継いでいく、それが仏教徒の歴史です。本書は舎利弗の物語に焦点をあて、『阿弥陀経』の教えの一端に触れていきたいと思います。

I 『阿弥陀経』の概要　——舎利弗への一方的な呼びかけ——

『阿弥陀経』に登場する中心人物は、釈尊十大弟子のひとり、智慧第一と称される長老（年長で高徳の僧）の舎利弗です。その舎利弗に対して、釈尊が一方的に「シャリホツよ！　シャリホツよ！」と呼びかけているのがこの経典の特徴です。[4] 大半の経典は、釈尊と直接あるいは間接に介在する弟子との問答によって成り立っており、他の経典に登場する舎利弗も例外ではなく、釈尊との対話が基本にあります。しかし、『阿弥陀経』に限っては、釈尊と対告衆《たいごうしゅう》（釈尊が大衆のなかから選び語りかける相手）との対話はありません。三十六回にわたって舎利弗の名前があげられ、釈尊は何度も呼びかけているのですが、彼は何も応えようとはせず、ただひたすら黙っているだけです。舎利弗は、釈尊の呼びかけに対してうなづくわけでなく、仏弟子を代表して何かを問いかけるわけでもない、ただ最後まで黙っているという主人公の物語です。[5]

内容はいたって簡単です。しかし、それが故に奥深く、釈尊の大事なメッセージが隠されています。ある時、釈尊が舎衛国《しゃえこく》の祇園精舎《ぎおんしょうじゃ》（祇樹給孤独園《ぎじゅぎっこどくおん》）を舞台にして、一二五〇人の大比丘衆（それぞれ弟子がいる出家者）に、極楽国土（浄土）の素晴らしさと、そこにおられる阿弥陀仏について説明し、讃嘆《さんたん》します。そして、阿弥陀仏の名前である名号ひとつを一心不乱に称えれば（執持名号《しゅうじみょうごう》）[6]、いのち終わるとき、阿弥陀仏やもろもろの聖《せい》者《じゃ》たちが迎えに来て極楽国土へ生まれさせるという臨終来迎による念仏往生を説き勧めます。さらに東・西・南・北・上・下の六方にわたるガンジス河の砂の数ほどの諸仏たちがその内容について証明し、この経典を信じなさいと後押しします。

ただ、さまざまな教えを語ってきた釈尊の生涯（成道《じょうどう》三十五歳～入滅《にゅうめつ》八十歳）において究極の教えである念仏往生をこの経典で説き勧めているにもかかわらず、その最後に「それは稀なこと、信じることのできない教えである」（難信の法）と、手のひらを返すようにして語るのです。

Ⅱ　声聞であり智慧第一と称される舎利弗

1　声聞は仏に成るか

『大無量寿経』（以下『大経』）や『観無量寿経』（以下『観経』）に登場する尊者《そんじゃ》阿難をはじめ『阿弥陀経』に登場する舎利弗は釈尊十大弟子の一人で、出家した（出世間）聖者です。そして何よりも、彼らは声聞《しょうもん》という立場であることをまず押さえなければなりません。(7) 声聞とは、一言でいえば、自己完結している人のことです。真実を自分で納得したり決着させたりするため、本来、分かっていないことを分かったことにしてしまう人とも言えます。自分で考え結果を出してきた人と見れば、一見、肯定的にも捉えられますが、「他者を救うことが自らの救いとなる」という大乗仏教の観点から言えば、周りの人と課題を共有することなく他者に向けた利他行がない小乗的な考え方であるため、否定的に捉えられます。これら声聞の存在は、仏になる能力に欠け、仏果を得る種が腐った人（根敗壊種《こんぱいかいしゅ》・敗種《はいしゅ》）であると、あからさまに批判されているのです(8)。それほど声聞とは、仏弟子と言われているにもかかわらず、すべての人々が救われるという大乗仏教の観点からは厳しい目が向けられている立場にあるのです。

大乗経典を代表する『般若経』や『華厳経』、『維摩経』などでは、声聞は決して仏には成れないとうたっています。そう踏まえた上で、『法華経《ほけきょう》』や『涅槃経《ねはんぎょう》』では、最終的に声聞でも必ず成仏するという教えにいたって完結する、いわゆる中国仏教における教相判釈《きょうそうはんじゃく》の一連の流れがあります(9)。これは、一つひとつ中身が異なる経典を、相手の機根《きこん》（性格・能力）に応じて説いた釈尊の生涯にわたる教えとして捉え、最終的に声聞が成仏するに至るまで、内容的かつ段階的に整理していくことです。それ故、声聞は仏に成れないという『般若経』や『維摩経』などは、最終的に『法華経』に至るまでの暫定的な教えとして位置づけられるのです。

このようなことから、舎利弗をはじめとする仏弟子たち、いわゆる声聞がいかに仏に成るか、それは中国仏教の、ひいては大乗仏教全体の大きなテーマの一つとなっているのです。

2 『維摩経』、『法華経』における舎利弗

『阿弥陀経』ではひたすら沈黙をまもる舎利弗ですが、他の経典のなかの舎利弗はどのような人物として描かれているのでしょうか。ここでは『阿弥陀経』と同じく鳩摩羅《くまら》什《じゅう》訳の『維摩経』と『法華経』のなかの舎利弗について見てみます。

『維摩経』「仏国品《ぶっこくほん》」では、一つのテーマがあげられます。それは、原初的な浄土観として伝えられている「心浄土浄《しんじょうどじょう》」（その心浄《こころきよ》きに随《したが》いて則《すなわ》ち仏土《ぶつど》浄《きよ》し）、すなわち自らの心が浄《きよ》ければ仏土も浄らかであるという仏の国土観です。それについて舎利弗には疑惑が生じました。「そうならば、釈尊がかつて仏に成るための菩薩行を実践されていたとき、その心は清浄でなかったのではないですか」。そこで釈尊は、「この国土は本来清浄です。なのにそう見えないのは、舎利弗、あなた自身の心が汚れているからです」と言います。

そばにいた梵天王《ぼんてんのう》が重ねて、「この仏の国を清浄でないと考えてはいけません。私の見るところ、釈尊の仏国土は自在天の宮殿のように清浄です」と説明します。すると舎利弗は「そう言われても、この現実世界は形でさえでこぼこしていて、砂や小石などに満ち満ちているではありませんか」と言ってくいさがるのです。梵天王は「私が見るには清浄そのものです。あなたの心には高低があり、仏の智慧によらないから、この世界がでこぼこで汚れて見えるのです」と重ねて説明しました。このとき釈尊は、右足の指で大地に触れます。するとたちまちこのすべての世界はすみずみまで、何百何千というすぐれた宝石で飾られ、光り輝くすがたとなりました(10)。

ここで見られる舎利弗は、この世界を浄土に見ることができず、自分以外の他者に問題があると思い込み、決して自らを顧みることのないすがたとして描かれているのです。智慧第一と称せられる舎利弗ですが、『維摩経』にはどこまでも仏の智慧によらない舎利弗がいるのです。

そして、『法華経』「方便品《ほうべんぼん》」の出世本懐《しゅっせほんがい》（二五〇〇年程前に釈尊がこの世に生まれた目的）

が説かれる場面では、明らかに舎利弗の戸惑うすがたが描かれています。そもそも仏の智慧は、声聞の知る由《よし》でないとして、仏だけが諸法《しょほう》の実相《じっそう》を究め尽くしていると釈尊は宣言されます。それに対して、舎利弗をはじめ仏弟子（声聞）たちは、大きな疑惑に陥りました。私たちはすでに仏と同じ悟りを得たはず、それなのにどうしていまさら真実を説き明かそうとするのかと。そこで舎利弗が代表して、従来の教えといま明かされる教えのいずれに従うべきかという疑問から、再三にわたって釈尊に説法を懇願します。それを受けて釈尊は、はじめて真実を説き明かそうとするのです。しかし、その時、その場に居合わせていた五千人の仏弟子たちは退席したのです。彼らは、「私たちはもう真実を体得している」という思いから、未だ真実を得ていないにもかかわらず既に得たと信じ切り、もはや釈尊の説法を必要としない慢心《まんしん》に満ちた人々でした(11)。

舎利弗はとどまって釈尊の説法を聞くことになるのですが、その瞬間までは、既に真実を悟ったと信じ切っている舎利弗が描かれているのです。まさしく声聞として自己完結している舎利弗のすがたでした。

3　智慧第一の舎利弗とは

釈尊十大弟子のなかで、阿難は多聞《たもん》第一、目連《もくれん》は神通《じんつう》第一と称されるように、舎利弗は智慧第一と称されています。そもそも「第一」といわれる称号は、「第二」「第三」の存在が想定されることから、他者と比べてもっとも際立っているということです。仏の智慧とは、一般的に一切の存在の本質を見通すはたらきだと言われていますが、そういう仏にしか具《そな》わっていない智慧が、舎利弗の身の上に、どのように「第一」としてあらわされるのでしょうか。

『大経』には次のように説かれています。

如来の智慧《ちえ》海は、深広《じんこう》にして涯底《がいてい》なし。二乗《にじょう》の測《はか》るところにあらず。唯《ただ》仏のみ独《ひと》り明らかに了《さと》りたまえり。(12)

二乗（声聞・縁覚）である舎利弗は如来（仏）の奥深い智慧を測ることはできない、ただ一人、仏のみが悟ったのである、と断言しています。『大経』が説かれる会座（王舎城《おうしゃじょう》の耆闍崛山《ぎしゃくっせん》）に居合わす舎利弗は、まさしく二乗の一人、声聞に他なりません。

宮城顗《しずか》氏の著書『仏弟子群像』によれば、舎利弗は、目連とともに、その家柄・才能においても、青年としての肉体的な魅力においても、人並みすぐれて恵まれていたそうです。当時のインドの社会にあって最上位を占めるバラモンの出であり、その家はともに大変富み栄えていたといいます[13]。

はじめは、当時名声の高かった刪闍耶《さんじゃや》の弟子になった舎利弗ですが、その後、一人の修行者との出遇いをきっかけに、刪闍耶の弟子二五〇人とともに、釈尊に帰依したのです。同行した二五〇人の弟子たちは、釈尊の説法を聞いて、ただちに聖者の最高の境地である阿羅漢《あらかん》の位に到達しましたが、舎利弗は、一緒に釈尊に帰依したなかで、阿羅漢の位に達するのがもっとも遅かったというのです。それについて宮城氏は、「彼の準備がとても入念であった」ため釈尊の教えに簡単にうなずけず、いろいろと疑問をもったのではないかと解説されています[14]。その説を踏まえれば、『法華経』では声聞のなかでもっとも早く授記（仏が修行者に対して将来の成仏を確約すること）された舎利弗ですが[15]、阿羅漢の位にとどまることに誰よりも疑問をもっていたのかも知れません。ですから『阿弥陀経』では、成仏を説く釈尊の対告衆として選ばれたように思えるのです。

舎利弗の智慧第一という称号については、「仏の智慧」と「(一般的な)人間の知恵」を比べて述べられることがあります。人間の知恵とは、知識や教養を学ぶことにより、筋道を立てて物事を処理していく能力と言っていいかと思います。声聞が目指す阿羅漢とは、世の中の尊敬と供養をうける立場であることから、(16)知恵があっても時にはついつい偉そうにしてしまうことがあったかも知れません。それに反して仏の智慧とは、私たちの心根《こころね》を照らし出し、身勝手な思い込みを破ることによって、私たちを嘘・偽り、そして愚かさや罪深さから目覚めさせるはたらきです。舎利弗に与えられた智慧第一という称号は、仏の智慧のように他者にはたらきかけるものではなく、他の誰よりも仏の智慧をいただき、そのすがたが誰よりも周りに影響を及ぼしたということではないかと思います。

舎利弗と目連は、幼い時から一緒に歩んできた友だちです。先ほどの宮城顗著『仏弟子群像』のなかに、二人にまつわるエピソードが紹介されています。

ある町で、二人の画家がたがいに技を競いあっていました。あるとき、国王が二人の優劣を決めようと、それぞれ得意の絵をかくように命じられました。一人の画家は直ちに製作にとりかかり、六カ月後みごとな絵を描きあげました。ところがもう一人の画家はすこしも絵を描かず、ひたすら壁をみがいてばかりいました。やがて見に来られた王は、はじめの画家の絵のみごとさにふかく感服されました。ついで、反対側に描かれてあるもう一人の画家の絵をご覧になりました。それは最初の画家の絵よりももっとふかみのある、すばらしい絵でした。王が感嘆しておられると、その画家が静かにすすみでて申しました。

「これは私が描いたものではありません。わたしはただ壁をみがきあげただけなのです。その壁にあの画家の描かれた絵がうつっているのです。ですから、これが美しいとしたら、それは向かい側の絵がすばらしいからです」

その言葉に王はいよいよ感服されたということです。

その話をされた釈尊は、絵を描いたのが目連、ひたすら壁をみがいていたのが舎利弗であった、とつけ加えられています。同じような話がいくつか伝えられていますが、とくにこの二人の画家の話は、智慧第一の舎利弗の本質をみごとに伝えていると思います。（宮城顗著『仏弟子群像』真宗大谷派名古屋別院、二〇一二年、四一～四二頁）

このような画家に譬えられた舎利弗の行為をどのように受けとめればよいのでしょうか。舎利弗が絵を描かずひたすら壁を磨《みが》いたのは、謙虚な姿勢から相手の絵を映えさせるための意図的な行為だと捉えればよいのでしょうか。それとも本当に絵を描くことができなくなり、ただひたすら壁を磨くとそこに相手の絵が映り、結果的により奥深い絵を生み出したと捉えればよいのでしょうか。私は後者だと思っています。普段から素晴らしい絵を描いていた画家は、いざ優劣を競う段になって、相手を打ち負かすための絵にどんな意味があるのかという疑念が生じ、本当に筆が進まなくなったのではないでしょうか。それでも絵を描こうと思って壁の埃《ほこり》、そして雑念を払うために磨いていると壁が鏡となり、知らないうちにもう一人の絵などを取り込んでいったのです。

舎利弗はあくまでも声聞です。真実を悟っていないにもかかわらず悟ったと信じ切って自己完結している人物の象徴だと言えます。この場合、もし舎利弗に譬えられる画家が意図的に絵を描かず相手のためにひたすら壁を磨くというのであれば、その行為は他者の救いが自らの救いとなる「自利利他《じりりた》」の菩薩行《ぎょう》であることに他なりません。仏の世界へと意図的に導くための菩薩の利他行ではなく、声聞であり自利行に縛られる舎利弗は、他者と競い合うことをきっかけに疑念を抱きます。それと同時に、壁の鏡に心根が照らし出され、自らの嘘・偽り、そして愚かさや罪深さに目覚めさせられたのではないでしょうか。

Ⅲ　思い込みというこころの闇が破られる舎利弗

1　『大経』『観経』そして『阿弥陀経』の関連性

さまざまな経典が、インドから中国、日本へと伝わりました。その経典とは、釈尊が仏弟子一人ひとり、その時その場の機根（性格・能力）に応じて説かれた内容として伝わっています。釈尊は相手の機根が熟したところで最終的にどのような教えを説きたかったのか、それは仏教の目的（出世本懐）が明確に説かれている『法華経』と『大経』に集約されます(17)。前述のごとく、中国における経典の翻訳の歴史（教相判釈の歴史）は、声聞の舎利弗をはじめ、すべての人々が成仏するという『法華経』の一乗思想(18)によってひとつの完結を見ました。しかし『法華経』では、すべての声聞や凡夫たちが仏に成ると言っても、具体的にどのようにして仏に成るのかは明確に記されていません。『大経』における法蔵菩薩の物語を受けて、『阿弥陀経』では、ただ念仏を称え浄土に往生して仏に成ることを、舎利弗一人《いちにん》に対して説き勧めていく物語が浮き彫りになってきます。

「浄土三部経」の関連性(19)について、親鸞は、『大経』の法蔵菩薩の物語を前提にして『観経』の物語と『阿弥陀経』の物語が説かれたと解釈されています。

つまり、『大経』の法蔵菩薩の物語は、法蔵の四十八の誓願《せいがん》のもと、ただ念仏を称えることによって浄土への方向が定まり浄土に往生して仏に成ることが決定《けつじょう》（正定聚《しょうじょうじゅ》・不退《ふたい》転《てん》）している人たちを対象にしたものです。でも、念仏ひとつの救いが説かれていても、浄土への方向がなかなか定まらない人々がほとんどです。念仏ひとつに立とうとしながらも自力のこころから離れられず自己矛盾と葛藤している人々を対象にしたのが『阿弥陀経』だと言えます。念仏を称える以前で、また仏門に入るか入らないかにかかわらず、さまざまな諸行によって邪《よこし》まな方向へと進む人々を対象にしたのが『観経』と言えます。

ただ、『観経』の諸行から『阿弥陀経』の自力の念仏へ、そして『大経』の絶対他力の念仏へと段階的に進んでいくという単純なものではありません。無論、『大経』のなかには『観経』的・『阿弥陀経』的な要素が含まれています。『観経』のなかにも自力の限界を知って名号を勧める『阿弥陀経』的な要素もあれば、『阿弥陀経』のなかにもさまざまな行をきらう『観経』的な要素も含まれています。[20] いずれにしても、これら三つの経典それぞれに説かれている内容の重層的、かつ多面的・階層的な関係性のなかで、『観経』と『阿弥陀経』の二つの経典は、『大経』の絶対他力の本願成就をもとに、最終的に称名念仏へと人々を導くための必要不可欠な方便の教えであることに他なりません。ことに『阿弥陀経』の舎利弗の物語では、釈尊は名号ひとつをたもつ念仏往生を勧めているのですが、その裏に密かに隠された釈尊の方便としての意図があります。

2　「舎利弗、汝が意において云何」

これより西方《さいほう》に、十万億《じゅうまんおく》の仏土《ぶつど》を過ぎて、世界あり、名づけて極楽《ごくらく》と曰《い》う。その土に仏まします、阿弥陀《あみだ》と号す。いま現にましまして法を説きたまう。舎利弗《しゃりほつ》、かの土《ど》を何のゆえぞ名づけて極楽とする。その国の衆生《しゅじょう》、もろもろの苦あることなし、但《ただ》もろもろの楽を受く、かるがゆえに極楽と名づく。（一二六頁）

釈尊は舎利弗に、西方の極楽国土には阿弥陀仏がおられ現在も法を説いていると言われます。かの土をなぜ極楽と名づけるのか、それは、極楽の衆生においては、阿弥陀仏が摂取して捨てず、もろもろの苦はなくただ楽があるだけだからだと言うのです。また、輝きを放つ宝樹《ほうじゅ》や宝池《ほうち》などがあり、美しい大地や心地いい珍鳥・風の音《ね》などが響きわたり、とにかく衆生にとって楽を極めたところだと説きます。そこでここでは、「極楽に往生した衆生においてはそうなのですが」と言った上で、「舎利弗よ、あなたにとってはどうなのですか」と釈尊は問いかけるのです。

舎利弗《しゃりほつ》、汝《なんじ》が意《こころ》において云何《いかん》。かの仏を何のゆえぞ阿弥陀《あみだ》と号する。（一二八頁）

釈尊は、極楽国土におられる阿弥陀仏を阿弥陀仏と名づけるその所以を舎利弗に問いかけます。舎利弗は何も応えません。応えられない舎利弗がいると同時に、自分自身の課題にどこにも逃げられない舎利弗が映し出されているようです。

本来、阿弥陀仏の解き放つ光明《こうみょう》は限りなく、十方の国を照らすのに障害はありません。また、阿弥陀仏の寿命は量り尽くせず、その国に生まれる人々は数えきれません[21]。ただ釈尊は、それを遮《さえぎ》っているものがこの世にたった一人だけいる、他でもない声聞として自己完結している舎利弗、あなた自身ではないのかと問いかけているようです。

声聞の特徴は、本来、分かるはずのない不可思議の功徳を分かったことにしてしまうことです。「分かった」「分かる」とは、仏教の「分別」のことばに由来します。一般的には、「分かる人」、「分別のある大人」などと、好意的な意味に捉えられますが、仏教でいう「分別」とは、さまざまな概念をもつことばに執《とら》われ妄想を生み出し、自分だけの世界から抜け出せない迷いの根源だと言われています。真実を分かったことにしている舎利弗は、結果的に他者との関係性を遮っているので、あらゆる衆生と倶《とも》に救われるという極楽国土の感覚とはほど遠いものだったのではないでしょうか。

3　舎利弗に問われる「倶会一処」の極楽国土

釈尊は続いて、極楽に生まれる衆生の本質的なことを舎利弗に説き明かします。阿弥陀仏の極楽国土は、出家・在家、老若男女を問わず、すべての人々が平等に往生して倶に仏に成っていく世界です(22)。便宜上、声聞や菩薩という名をもって説かれていますが(23)、生きとし生けるものすべては、極楽国土の衆生として生まれれば必ず仏に成ることを約束され、その数ははかり知れず、永遠の時をもって説かれるものだと言うのです。そして、その説法を聞く衆生は、かの国に生まれたいと願いを発《おこ》すにちがいなく、なぜなら極楽国土に生まれる善き人々と一つの処で会う（倶会一処《くえいっしょ》）ことができるからだと言うのです。

舎利弗《しゃりほつ》、衆生《しゅじょう》聞かん者、応当《まさ》に願を発《おこ》しかの国に生まれんと願ずべし。所以《ゆえ》は何《いかん》。かくのごときの諸上善人と倶《とも》に一処《いっしょ》に会《え》することを得《う》ればなり。（一二九頁）

このように声聞、菩薩を含め、あらゆる衆生が倶に一つの処に往生してほしいという阿弥陀仏の願いのもと、釈尊は舎利弗に呼びかけているのです。そこには、

舎利弗《しゃりほつ》、少善根福徳《しょうぜんごんふくとく》の因縁《いんねん》をもって、かの国に生まるることを得《う》べからず。（一二九頁）

のごとく、座禅や戒律など少しばかりの善根功徳を積んだだけでは、その因縁によって極楽国土に生まれることはできないと、舎利弗を念仏へと導こうとする釈尊の伏線が敷かれるのです。

4　舎利弗よ、あなたは臨終来迎を信じますか

舎利弗《しゃりほつ》、もし善男子《ぜんなんし》・善女人《ぜんにょにん》ありて、阿弥陀仏《あみだぶつ》を説くを聞きて、名号を執持《しゅうじ》すること、もしは一日、もしは二日、もしは三日、もしは四日、もしは五日、もしは六日、もしは

七日、一心にして乱《みだ》れざれば、その人、命終《みょうじゅう》の時に臨《のぞ》みて、阿弥陀仏《あみだぶつ》、もろもろの聖衆《しょうじゅ》と、現じてその前にましまさん。（一二九頁）

そしてすぐに釈尊は舎利弗に呼びかけながらも、在家信者（善男子・善女人）にむけて念仏往生を説いています。つまり、ただ名号だけを称えること（執持名号）、一日一日（若《にゃく》一日《いちにち》～若七日）、一心不乱であれば、いのち終わるとき、阿弥陀仏とさまざまな聖者たちがお迎えに来て、極楽へ生まれさせるでしょうと、臨終来迎の説法をするのです。

このように念仏往生を勧められて、誰もが「はい、そうですか」と素直にうなずければいいのですが、実際はどうでしょうか。もちろん釈尊は、在家信者に念仏往生を説く一方で、それは未だ明かされていない難信の法として、誰もが一心不乱になることは難しく、信じることはできないだろうという想定の上で話されています。ましてや、自分は真実を既に悟ったと信じ切っている出家者の舎利弗にとってはなおさらではないでしょうか。そこには、「あなたが信じているものは本当に大丈夫ですか?」と、舎利弗とあわせて衆生全体にまで信仰自体を疑わせる、釈尊の密かに隠された意図があるのだと思います。

もう数十年前になりますが、私は叔母の臨終に立ち会ったことを今でも忘れられません。呼吸もままならない状態で、「こんな所（病院）におれん、早く（家に）帰らんなん」と何度も繰り返し言っていました。すると、見かねた叔母の姉が、「○○ちゃん、これまで本当にお疲れさんやったね。ありがとうね……」と手をにぎりながらやさしく声をかけたのです。すると叔母は、非常に驚いた表情をされました。〝えっ、私、死ぬの？本当に死ななければならないの？〟と言わんばかりに。この瞬間、はじめて死と向き合い、死を受け入れざるを得なくなったのでしょう。その後、静かに眠りにつき数分後に息を引き取りました。お寺に生まれ、お寺に嫁ぎ、その後坊守《ぼうもり》（住職を支えお寺を守る人）として長年にわたり聞法され念仏を称えてきた叔母でしたが、亡くなる寸前まで死を受け入れられず、最後の最後まで生きようと葛藤し続けたすがたには、念仏の声はありませんでした。

また別の話ですが、ご門徒から電話がかかってきました。「ばあちゃん、もうあぶないわ。住職さん、最後に何か一言でいいから言葉をかけてくれんか」という内容です。戸惑いながらも、その日のうちに寝室まで足を運び、おばあちゃんと対面します。すると彼女は、〝何で住職さん来たのや、私はまだ死んどらんよ〟と言わんばかりに、とても驚いた様子で私を見上げます。おばあちゃんの「こんな姿になってなぁ～、なさけない」という言葉を聞きながら話をしていくなかで、私は次のように言いました。「ばあちゃん、心配いらんよ。ちゃんと帰るところがあるからな……」という月並みな言葉。すると彼女は私をにらみつけるようにして、「ホントか！　本当にそうか！」と言い返してきたのです。戸惑いながらも私は、「本当や、帰るところがある、だから一日一日やな……」と言うと、さらに「本当か！」「本当にそうか！」とくり返し再三にわたって聞いてくるのです。これまで念仏を称え続けてきたおばあちゃんは、その十日後に亡くなりました。最後に極楽国土の存在を信じたか信じないか、それは遺族の方との話し合いでも分かりかねるところです。

『阿弥陀経』における釈尊は、臨終来迎を信じることそのものを目的としているのではありません。死と直面するその問題を通して、出家・在家を問わず、私たち一人ひとりに、信仰についての大きな課題を投げかけているのです。「あなたは本当に極楽国土の存在や念仏往生を信じられるのですか？」、さらに言えば、これまで疑うことなく信じてきたものを、「あなたは本当に最後まで信じ切れるのですか？」と、人として生きる「I believe」いわゆる〝私は信じる〟について問いかけているのだと思います。

舎利弗は、素直に信じて念仏を称えられることはなく、「倶会一処」という極楽国土の存在、さらには往生によって仏に成るということすら信じ切れるものではなかったのではないでしょうか。「これまで自分が信じてきたものは一体何だったのか？」と戸惑い、ただ黙ってしまうしかない舎利弗は想像に難くありません。

5　なぜ舎利弗は言葉を失い黙っていたのか

『阿弥陀経』における舎利弗は、なぜ言葉を失いひたすら黙っていたのか、それについては、さまざまな見方があります。例えば、舎利弗のようにすぐれていても浄土のさとりの世界は人間の知恵では及ばず、かつ言葉をこえた真実の世界であることを知らしめているのだという見方です。また、釈尊が最後にどうしても語りたい、語っておかねばならないという自らの出世の一大事を、一方的に相手に説いていくことにより、ただ黙って受け止める舎利弗なら、その本意が間違いなく届けられるという見方です。さらには、この『阿弥陀経』は、必ずしも対告衆である舎利弗だけに聞かせるのではなく、祇園精舎の人々に真実を語りかけたものなので、仏弟子の誰もが尊敬する舎利弗が黙って釈尊のことばを受け止めるスタイルが、もっとも周りの関心を集めることになるという見方です。いずれにしてもそれらは、釈尊と舎利弗との信頼関係によって成り立っているようです。無論、どれが正解かというのではなく、それぞれの見方が尊重されるべきことは言うに及びません。

ただ私自身の見方は、これまで述べてきたように、舎利弗が声聞という立場であることと、また仏弟子として智慧第一という称号の捉え方にもとづくと、「なぜ舎利弗はひたすら黙っていたのか」と言えば、それははじめて真実が分からなくなったからだと思います。念仏以外のさまざまな修行において、すでに真実を悟ったと信じ切っていた舎利弗が、思いもよらない念仏ひとつの成仏の教えにより、自らが信じていたものが分からなくなり、それによって言葉を失い、ただ黙るしかなかったのだと思います。

舎利弗は、声聞として才能豊かなエリートだったのでしょう。その分、念仏ひとつで救われるという教えがあまりにも衝撃的だったと充分に想像できます。さまざまな功徳を積んできた舎利弗にとって、最後に告げられた真実が、まさしく念仏ひとつです。「そうですか、本当にありがたい」と素直な言葉を返すのではなく、逆にこれまで功徳を積んできた自分の存在が否定されたかのように思い、価値観が壊れていったのです。「念仏とは自我崩壊の音なり」（金子大栄《かねこだいえい》）と言われているように、真実を悟ったと信じ込み、自己完結していた舎利弗だからこそ、念仏ひとつという信じがたい救いの教えが仏の智慧となって、舎利弗の思い込みを破っていくのです。そして舎利弗は、自分だけの狭い世界観で生きてきたことへの深い懺悔《さんげ》のなかで、(24)自らの愚かさや罪深さに思いいたるようになったのではないでしょうか。『維摩経』や『法華経』に見られる舎利弗のように、これまで悟ったつもりの舎利弗でしたが、はじめてその頭が下がったというギャップは、同じ会座に居合わす仏弟子たちに多大なインパクトを与え影響を及ぼすことになったでしょう。誰よりも賢い舎利弗が仏の智慧に照らされ、誰よりも愚かさや罪深さを知り頭が下がる、それが智慧第一と称される所以《ゆえん》なのです。

このように『阿弥陀経』では、真実を悟ったと信じ切っていたこころの闇が破られる瞬間を、舎利弗が言葉を失い、ただ黙るしかないすがたとして描いているのです。それは、弥陀の本来の光明と寿命を遮っていたのは実は自分自身であったという、絶望にも近い気づきに通じるものです。ただその気づきは、極楽国土の阿弥陀仏の阿弥陀仏と名づけるその所以を自覚し、念仏を称えるこころを芽生《めば》えさせていくための仏の方便であることに他なりません。念仏とは自我が崩壊する音であり、信じていたつもりの信仰・宗教観が壊れていく音。その音が舎利弗を包み込むことによって、単に黙っている舎利弗ではなく、新たな音が聞こえてくる、さらなる舎利弗のすがたとして描かれていくのです。

Ⅳ　はじめて問いに立つ舎利弗のすがた

――「舎利弗　汝が意において云何」――

1　問いに立ち中道を歩む舎利弗

自分をひとかどの人物だと思っている人ほど、ある意味単純な、念仏ひとつの救いは受け入れがたいものです。釈尊から最後に告げられた真実は念仏ひとつであり、さまざまな功徳を積んできた舎利弗にとって、「これまで努力してきたことは一体何だったのか」、「真実であると信じていたものが誤りだったのか」などなど、聖者として耐えがたい心境であったはずです。ただ、自らを疑うことなく自己完結していた舎利弗は、さまざまな疑念をいだいたでしょう。

舎利弗にしてみれば、たしかに念仏往生は信じがたい、でもそれは釈尊の説法であり、しかも六方諸仏（一切諸仏・十方諸仏）がそれぞれの国土で念仏往生を証明し讃嘆している以上、疑っても疑い切れないという想いはあるはずです。それ故、答えを出せない矛盾を感じつつ、その矛盾と葛藤しながらも、自らの閉塞した世界から踏み出そうとする舎利弗がいるのではないでしょうか。そこには、信じても信じ切れない、でも疑っても疑い切れない、有見《うけん》・無見《むけん》（内外、高低、正邪など）に偏《かたよ》ってきたこれまでの自分との矛盾と葛藤する舎利弗から、問いに立つ舎利弗のすがたが見えてくるのです。

釈尊の念仏往生の勧めに対して、「信じる（疑わない）」、あるいは「信じない（疑う）」と、二者択一のことばで応えることは、この『阿弥陀経』の場面では、有見・無見の両極端の答えに立ってしまうことになります。それら両者を支えている根っこは、どちらも同じ〝私〟であり、この私を起点としたところからでは、倶に救われるという極楽国土への歩みは始まりません。舎利弗ははじめて、無言という形をもって答えから問いに立ち、釈尊の中道《ちゅうどう》を歩みだすのです。(25)

以前、夫の満中陰法要《まんちゅういんほうよう》を終えたご門徒が、次のようにたずねてきました。「人間、死んだら終わりですか、それともあの世へいくのですか」。夫に急逝され、苦しいながらも自分なりの答えを模索し納得しようとされていたのでしょうが、続けた言葉が「これだけ供養すれば充分ですね……」。そこには、満中陰法要を一つの区切りとして、心の整理をしたいという想いがあったのかもしれません。が実際は、仏事を終え、悲しい現実からはやく目を背けたいというような思いが伝わってきたのです。彼女にとって仏事とは、悲しい現実から逃れるための単なる手段のようなものだったのでしょうか。

亡き人の存在とは、もう一緒に話せない、二度と触れられないから〝有る〟わけはありません。その一方で、さまざまな思い出とともに生きた証がこころの内に残っているから〝無い〟わけでもありません。それ故、「あの世へいく」という「有」でもなく、「死んだら終わり」という「無」でもない、そんな二見の両極端に偏る答えに立たない死生観《しせいかん》こそが、釈尊中道の歩みです。「死んだら終わり」「命終えてあの世へいく」、そんな有・無の二見に偏ったどちらか一方の答えを出すことは、かえって故人との関係を切ってしまうと同時に、尊い教えや、新たに故人と出遇い直していく機会を失ってしまうことになるのです。あの法要以来、彼女は一切の仏事を取りやめ、念仏を称える時と場、亡き人の願いに応える機会を失っているのです。こういう時にこそ話し合える場を設け、一緒に悩み悲しみを少しでも共有する機会をいただければと願うのですが、私自身実際は何もできず、何をすればいいのか分からないというのが現状です。僧侶としての無力さを恥じるばかりです。

2　はじめて聞こえてきた六方諸仏の声

日常生活において、矛盾を感じ葛藤して過ごすことは誰にでもあるかと思います。理想と現実、本音と建て前、両者相《あい》反するような状況にあって、時にはジレンマに陥り思い悩むこともあるでしょう。現代社会においても、戦争や原発、臓器移植や死刑制度など、正論は述べられるものの、簡単に割り切って答えを出すことのできない問題が山積しているのです。

人間の老病死の身の事実もしかり。「誰もが通っていかざるを得ない」、または「きちんと受け入れていくしかない」などと、理屈では分かっていても、いざ自分のこととして降りかかると、簡単に納得できる答えを出せるものではありません。ある意味、私たち人間は、さまざまな矛盾をかかえながら葛藤し続け、〝諦《あきら》め〟（仏教では、自力を尽くしてもどうにもならない真実の本質があきらかになっていくこと）ていくなかで見える一筋の光に救われていくのではないでしょうか。

以前、「矛盾」「葛藤」「諦め」等をキーワードとした法話の途中で、突然、話を遮るかのように「すみません！」と声が飛び込んできました。「先生は、何でも矛盾のなかを葛藤して諦めるしかないと言いますが、それは人生を諦めろと言っているようにしか聞こえないのですが……」。少しの間があった後、私は応えます。「仏教・真宗は決して諦め主義ではありません。自分のこころの奥底にある矛盾を諦められるということは、自分が正しいと思い込んできたこと、信じてきたものが本当なのかどうか、確かめれば確かめるほど葛藤せざるを得ないということなので……」。すると彼は、「それならば何を信じればいいのか分からなくなる」と言うので、私は「何を信じればいいかという問いを大事にしながらも、つねに信じているものを確かめ葛藤していくと、もう一人の自分の声が聞こえてくる。その声に耳を傾けてほしい」と応えました。その後、彼は何も言いませんでしたが、納得できない様子でした。

自らの思い込みが破られる、また自らの論を質《ただ》され諦めるということは、同時に外から差し込んでくる光、いわば阿弥陀仏の光明に一瞬でも触れるということです。ことばを失いひたすら黙っていた舎利弗は、自らの思い込みが破られ、本当の自分を諦められたすがただと言えないでしょうか。ただそれは、とても辛くて苦しいことです。そんな時こそ、以前からずっと辛くて苦しんでいた周りの人々の声が聞こえてくるのです。

舎利弗《しゃりほつ》、我この利を見るがゆえに、この言《ごん》を説く。もし衆生《しゅじょう》ありてこの説を聞かん者は、応当《まさ》に願を発《おこ》しかの国土《こくど》に生ずべし。

舎利弗、我《わ》がいま阿弥陀仏《あみだぶつ》の不可思議の功徳を讃歎《さんだん》するがごとく、東方に、また、阿《あ》閦鞞仏《しゅくびぶつ》・須弥相仏《しゅみそうぶつ》・大須弥仏《だいしゅみぶつ》・須弥光仏《しゅみこうぶつ》・妙音仏《みょうおんぶつ》、かくのごときらの恒河沙数《ごうがしゃしゅ》の諸仏《しょぶつ》ましまして、おのおのその国にして、広長の舌相を出《い》だして、遍《あまね》く三千大千世界に覆《おお》い

て、誠実《じょうじつ》の言《ごん》を説きたまう。汝等衆生《なんじらしゅじょう》、当《まさ》にこの不可思議の功徳を称讃《しょうさん》する一切諸仏に護念せらるる経を信ずべし。――（中略）――舎利弗《しゃりほつ》、上方の世界に――（中略）――汝等衆生《なんじらしゅじょう》、当《まさ》にこの不可思議の功徳を称讃する一切諸仏に護念せらるる経を信ずべし。

（一二九〜一三二頁）

釈尊は念仏往生の利益《りやく》を見たことから、この教えを聞く者は必ず願いを発《おこ》し極楽国土に生まれるだろうと宣言します。そして、釈尊が念仏往生の利益である阿弥陀仏の不可思議の功徳を讃嘆するように、東方・南方・西方・北方・下方・上方の六方それぞれにおられる数え切れないほどたくさんの諸仏たちもまた、おのおのの国土において間違いのない説法をし、「汝等衆生」つまり生きとし生けるものに、念仏往生を称讃する釈尊のことばを信じなさいと呼びかけるのです。(26)

ただその呼びかけは、舎利弗をないがしろにして、諸仏たちがそれぞれの国土の衆生たちに念仏往生を勧めたということではありません。あくまでも釈尊と諸仏たちはお互いに呼応し称讃して、舎利弗一人に念仏往生を勧める、それが『阿弥陀経』の物語なのです。自己矛盾と葛藤しながらも中道を歩み、はじめて無言という形の問いに立つ舎利弗は、釈尊のことば、それを証明し讃嘆する六方諸仏の呼びかけを、はじめて自己一人に向けられた声として聞いていくのです。

先述した坊守の叔母ですが、臨終を前に苦悩する日々が続きながらも、住職と『阿弥陀経』を読まれたことがありました。読み終わり、次のように叔母はたずねました。「ところで、この経の『恒河沙数諸仏《ごうがしゃしゅしょぶ》』って何やったかいね？」。住職が「ガンジス河の砂の数の仏さんや」と応えたとき、叔母はか細い声で言われたそうです。「あらー、これまで何も気づいていなかったわ。私はこんなにたくさんの仏さんに見守られていたのやね。これほど多くの人たちに支えられていたのやね。ごもったいない」と。その一週間後に叔母は亡くなりました。彼女にとって「恒河沙数諸仏」とは、これまで支えてくださった家族やご門徒をはじめ、すでに先立たれた両親や友だちなどを思い起こして聞こえてきた他者の声だったのだと思います。

私は、叔母にとっての「護念せらるる経」とする所以を見たような思いがしました。

3　舎利弗一人に説かれた釈尊の出世本懐

舎利弗《しゃりほつ》、汝《なんじ》が意《こころ》において云何《いかん》。何のゆえぞ、名づけて、一切諸仏に護念せらるる経とする。舎利弗、もし善男子《ぜんなんし》・善女人《ぜんにょにん》ありて、この諸仏の所説の名および経の名を聞かん者、このもろもろの善男子・善女人、みな一切諸仏のために共に護念せられて、みな阿耨多《あのくた》羅三藐三菩提《らさんみゃくさんぼだい》を退転せざることを得《う》。（一三二頁）

「舎利弗、汝が意において云何」という釈尊の二度目の問いかけが、舎利弗のこころの扉を開けます。すなわち「あなた舎利弗には、私のことば、そして諸仏たちの声が聞こえていますか、否、聞こえていますよね」と無言の対話がなされているようです。

ここで注意すべきは、前述した臨終来迎の説法（本書二七頁）と同様、世間に身をおく在家信者の「善男子・善女人」を引き合いに出して念仏往生の救いを述べていることです。「善男子・善女人」は弥陀の名号とそれを勧める釈尊のことばを聞けば、一切諸仏に護念されて、真実から退くことのない道が開かれると言うのです。なぜ「善男子・善女人」が対象なのでしょうか。それは、弥陀の名号、それを讃嘆する釈尊や諸仏の声は、

出世間では聞こえることはなく、五濁悪世の迷いや悩みの絶えない世間の人々にこそ聞こえてくるからです。(27)

そのような事実を踏まえて、翻《ひるがえ》って舎利弗をはじめ声聞の皆さんたちはどうなのでしょうか、と出世間の人々に向けたのが次のことばです。

このゆえに舎利弗、汝等《なんじら》、みな当《まさ》に我《わ》が語《ことば》および諸仏の所説を信受すべし。（一三二頁）

ここでは「汝等衆生」ではなく「汝等」と限定して呼びかけています。(28)「汝等」とは、舎利弗をはじめ、祇園精舎の一二五〇人の声聞たち（大比丘衆）です。そして、今この瞬間まで真実を分かったつもりになっていた彼らに向けて、あなた方は、世間に身をおく善男子・善女人のように、「我が語および諸仏の所説」つまり弥陀の名号を信受しなさい、そして信受せざるを得なくなるだろうと説くのです。それは六方諸仏の声に続いて、三世《ぜ》（過去・現在・未来）を貫く諸仏の声が、念仏往生の道へと舎利弗をさらに誘《いざな》うことになるからです。

舎利弗、もし人ありて、已《すで》に願を発《おこ》し・今《いま》願を発《おこ》し・当《とう》に願を発《おこ》して、阿弥陀仏国《あみだぶっこく》に生

まれんと欲《おも》わん者は、このもろもろの人等《ひとら》、みな阿耨多羅三藐三菩提《あのくたらさんみゃくさんぼだい》を退転せざることを得て、かの国土において、もしは已《すで》に生じ・もしは今《いま》生じ・もしは当《とう》に生ぜん。このゆえに舎利弗、もろもろの善男子・善女人、もし信あらん者は、応当《まさ》に願を発《おこ》してかの国土に生ずべし。

（一三二～一三三頁）

〔筆者和訳〕舎利弗よ、（弥陀の名号を信受する）どんな人であっても、すでに願いを発《おこ》し、今こそ願いを発し、これから願いを発して、阿弥陀仏国に生まれたいと欲《おも》う者は、あらゆる人々が真実を求める道から退いてしまうことはなくなり、かの（阿弥陀仏）国土に、あるいはすでに生まれ、あるいは今こそ生まれ、あるいはこれから生まれることになります。このゆえに舎利弗よ、（世間に身をおく）善男子・善女人は、もし弥陀の名号を信受すれば、実際に願を発し阿弥陀仏国に生まれるのです。

釈尊は、空間的な「六方」と時間的な「三世」という数え切れない諸仏の声を称讃し、同時にそれら諸仏からも称《たた》えられる呼応関係にあります。そのようななかで、世間に身をおく善男子・善女人には、釈尊・諸仏が称讃する弥陀の声が聞こえてくるという、その理由を舎利弗に知らせることになります。

舎利弗《しゃりほつ》、我《わ》がいま諸仏の不可思議の功徳を称讃するがごとく、かの諸仏等も、また、我《わ》が不可思議の功徳を称説して、この言《ごん》を作《な》さく、「釈迦牟尼仏《しゃかむにぶつ》、能《よ》く甚難希有《じんなんけう》の事《じ》を為《な》して、能《よ》く娑婆国土《しゃばこくど》の五濁悪世《ごじょくあくせ》、劫濁《こうじょく》・見濁《けんじょく》・煩悩濁《ぼんのうじょく》・衆生濁《しゅじょうじょく》・命濁《みょうじょく》の中にして、阿耨多羅三藐三菩提《あのくたらさんみゃくさんぼだい》を得て、もろもろの衆生のために、この一切世間に信じ難き法を説きたまう」と。

（一三三頁）

〔筆者和訳〕舎利弗よ、私が今、一切諸仏の不可思議の功徳を称讃したように、かの諸仏たちもまた、私の不可思議の功徳を称え説いて、この私のことを次のように言ってくださいます。「（私）釈迦牟尼仏は、はなはだ難しく稀なことを為して、娑婆国土の五濁悪世のなかでも真実を得、（出家・在家を問わない）もろもろの衆生のために、この一切世間に難信の法を説いたのです」と。

このような一切諸仏からの確かなお墨付きをいただいた釈尊は、舎利弗の機が熟した「その時[29]」が来たとして、これまで隠されていた「難信の法」、いわゆる『阿弥陀経』での出世本懐のことばを今ここに明かします。

舎利弗《しゃりほつ》、当《まさ》に知るべし。我《われ》五濁《ごじょく》悪世にして、この難事を行じて、阿耨多羅三藐三菩提《あのくたらさんみゃくさんぼだい》を得て、一切世間のために、この難信の法を説く。これはなはだ難《かた》しとす。（一三三頁）

〔筆者和訳〕舎利弗よ、よく知るがよい。私、釈尊は、五濁の悪世において、世にも稀なことを行じて、真実を得て、一切世間のためにあえて、信じることのできない教えを説くのだ。これは本来あり得ないことである。

このことばは、これまで何度も聞かされてきた舎利弗だったのかもしれません。しかし、舎利弗の機が熟しそのことばを受け入れる「その時」とは、まさに『阿弥陀経』が説かれた今であり、釈尊の真実のことばが、一切諸仏の声とともに極楽国土で現在説法されている弥陀の声として届いたこの瞬間なのではないでしょうか。「このゆえに舎利弗、汝等《なんじら》、みな当《まさ》に我《わ》が語《ことば》および諸仏の所説を信受すべし」と釈尊から念をおすように呼びかけられていた舎利弗でしたが、「その時」が来たため、『阿弥陀経』の最後のシーンでは、仏《ぶつ》、この経を説きたまうことを已《おわ》りて、舎利弗《しゃりほつ》およびもろもろの比丘《びく》、一切世間の天・人《にん》・阿修羅等《あしゅらとう》、仏の所説を聞きたまえて、歓喜《かんぎ》し、信受して、礼《らい》を作《な》して去りにき。

（一三四頁）

のごとく、ともに歓喜し、信受して、礼を作《な》して去って行ったのです。

去った後に、何も残らないということはありません。単に仏の所説を理解してその場に止まる舎利弗ではなく、五濁悪世にして、苦悩する人々がいる一切世間に向けて新たに踏み出す、その足跡を残す舎利弗です。ここに、舎利弗が舎利弗自身の意《こころ》において、この『阿弥陀経』を「一切諸仏に護念せらるる経」、すなわち阿弥陀仏の声を信受する所以が具体的な行動となって顕されているのだと思います。

V　舎利弗のすがたが〝こだま〟となって呼びかけるもの

1　光が当てられ〝こだま〟する舎利弗の声

「はじめに」で紹介した臨床心理学者の河合隼雄氏は、数え切れないほど多くの、深い悩みをもった方々のカウンセリングを行われました。その考え方の基本は、相手の話を聞き続けるだけで、何もしない（無為）ことに全力を傾注することだそうです。それによって、もともと相手に具わっているものが自然に出てくるのを待つ。それもただ待つのではなく、希望を持って待つというのです。

希望という観点から河合氏は、『無為の力』（河合隼雄・谷川浩司著、ＰＨＰ研究所、二〇〇四年）で、新幹線の切符を買おうとしたとき、駅員さんの次のことばに感激したことを記しておられます。

『のぞみ』はありませんが『ひかり』ならあります　（同書、一五二頁）

新幹線の駅員さんの普通の言葉ですが、深い悩みをもった相談者と一緒に生きてこられた河合氏だからこそ、その言葉を拾い感激されたのです。よくよく考えれば、人間の〝のぞみ〟（望み）に限りはなく、叶《かな》ったとしてもそれは一過性のものに過ぎません。どれだけ自分の〝のぞみ〟を叶えようと努力しても、誰もが老病死する身であれば、いずれ人間の〝のぞみ〟は絶たれていくものです。一方で〝ひかり〟（光）とは、誰をも平等に照らし出す存在です。ましてや弥陀の光となれば、いつ《ま》でもどこ《ま》でもどんな人に《ま》でも限りなく照らし続けられる存在なのです。ただ、日頃の私たちは、自分中心の煩悩に眼《まなこ》を覆われているために、その〝ひかり〟の存在に気づくことはありません。が、挫折や屈辱など、失意のどん底に墜ちたときなど、いわば自分の〝のぞみ〟が絶たれたときにこそ、過去無量から自身を照らし続けていた弥陀の光が感得されるのでしょう。

河合氏は、あの言葉に感激しながら、駄洒落《だじゃれ》として次のようなことばを同書の対談のなかで述べておられます。

思わず「望みはないけど光はある！」と大声で繰り返してしまったんですよ。そしたら駅員さんが、「あっ『こだま』が帰ってきた」（笑）。（同書、一五二頁）

河合氏がどのような意図で駄洒落を言われたのかわかりません。仏教的に捉えれば、望みは絶たれても、弥陀の光に照らされる存在であれば、それが〝こだま〟となって周りに響きわたり、他者に何らかの影響を及ぼしているということです。誰もが例外なく〝ひかり〟があてられ、それが〝こだま〟となって周りに影響を及ぼしていることから、どんな人もつながっており、この世に要らない存在はあり得ないのです。

言葉を失いひたすら黙っている舎利弗は、ある意味、自らの〝のぞみ〟が絶たれたすがたであると同時に、極楽国土の阿弥陀仏の〝ひかり〟があてられ、周りに〝こだま〟しているすがただと言えます。すなわち阿弥陀仏の光明に照らされる舎利弗であれば、柔らかな日向《ひなた》となり、影となり、さらには浄土からの〝こだま〟となって周りに多大な影響を及ぼし、人々を大事な方向へと導くのです。それは言うまでもなく、祇園精舎の人々、ひいては二五〇〇年以上たった現代を生きる私たち一人ひとりに〝こだま〟となって還《かえ》ってきているということなのです。

2　舎利弗が〝こだま〟となって私たちに呼びかけるもの

舎利弗の存在は、私たち一人ひとりに具体的にどのような〝こだま〟となって還ってきているのでしょうか。

舎利弗は出家した聖者ですが人として生きている以上、現代を生きる私たちにとって決して遠い存在ではありません。聖者であろうが凡人であろうが、誰もが頑張って生きようとしているからです。理想的な聖人君子を目指して頑張ろうとする人、夢や目標に向かって頑張ろうとするすがたがそこにあります。その反面、社会の表舞台からドロップアウトしながらも懸命に自分をたもとうとして頑張ろうとする人がいます。それらに共通するのは、頑《かたく》なに〝我〟を張ることに終始すれば、自分だけの狭い世界に入り込んでしまい、逆に自由がきかなくなる危険性をはらんでしまうということです。たしかに自分が納得できるまで頑張ること、また夢や目標に向かって頑張ることは大事です。そして自己の信念を貫くということは尊敬に値するものだと思います。ただ、何の道しるべもなく自分の力だけを信じて行き着くところは、結局は閉塞《へいそく》した自己完結の世界であり、他者が見えなくなると同時に、還ってくるはずの〝こだま〟から耳を閉ざしてしまうことになるのです。

釈尊は諸仏とともに、舎利弗に念仏往生を勧めました。何一つ応えずただ黙って難信の法と向き合い葛藤した結果、周りの声に後押しされ、歓喜しながらあの場を去った舎利弗の足跡があります。その足跡は〝こだま〟となって、現代を生きる私たち一人ひとりに問いかけているのです。

「あなたは本当に念仏を信じているのですか?」

「あなたは何を信じて生きているのですか?」

「あなたは何も信じられないまま自分を生きることができますか?」(30)

改めて難信の法と向き合い、舎利弗が去った足跡から〝こだま〟する声に耳を傾けなければならないのは、お寺にたずさわって法衣をまとうものであり、この私自身です。ある先生は、「誰よりも業《ごう》が深く、誰よりも仏法を聞かなければならない身であるが故に、私はお寺に生まれたのだろう」ということを口癖のように言っておられました。私自身、念仏の教えを糧《かて》にして生活していることから、これまで真剣に疑うこともなく、念仏を信じているつもりになって閉塞した世界にいたようです。それが故に、今一度「あなたは本当に念仏を信じているのですか？」と問われれば、正直言って躊躇せざるを得ない一方で、現に念仏を称えていることから、疑い切れない私もいるのです。いずれにしてもなかなか諸仏の声が聞こえてきません。釈尊のことばを信受して一歩を踏み出すことができてないのではないかと、舎利弗の〝こだま〟に問いかけられているようです。

おわりに　――亡き人を物語として語り継いでいく歩み――

私の母親は生前、「私は本当に恵まれている、幸せ者や」が口癖でした。私にはなぜか、自分で自分に無理に言い聞かせているように感じられ、その言葉が好きではありませんでした。ところが、亡くなる一年程前からは、どういうわけか「さびしい」「むなしい」という言葉を口にするようになりました。私は正直、その言葉を聞いて安心したことを覚えています。「私は幸せ者や」という言葉は、自分を誤魔化《ごまか》しているように感じていたのですが、晩年の「さびしい」「むなしい」という言葉は、母親の「私はこれまでどんな教え、どんな人に出会ってきたのだろうか」、「お寺に嫁ぎ、坊守として何をしてきたのだろうか」という本音がこぼれ出るような声となって私に伝わってきたのです。母が自分の気持ちに正直になって問い質していくすがたからの響きです。苦悩し葛藤する母親にこそ光があてられ、それが日向となり、影となり、浄土から還ってくる〝こだま〟となって、この私にこれまでにない大事なことを伝えてくれているかのようでした。そんな母親が、最後の瞬間までさびしく、むなしかったのかどうか、それはわかりません。ただ、生前、お互いに分かり合えなかったことが多々あったなか、母親と言い合ったこと、そしてぶつかったことそのものは、私にとって決してむなしいことではありませんでした。目の前の人が去った後にはじめて聞こえる足音があります。ことあるごとに生前の母親の思い出話に花を咲かせ、笑ったり腹を立てたり。亡き人の声を聞き、先立たれた人の物語を語り継いでいく歩みを私も始められそうです。

人間として生まれ、苦悩して生きる私たちにとって、先達《せんだつ》から教えられるのは、聖人君子のようなすがたからだけではありません。自らの愚かさや罪深さに気づき、答えを出せない矛盾を感じつつ、自力から湧いてくる煩悩と葛藤しながら、それでも他者の声をたよりに歩んでいくそのすがたからではないでしょうか。それが今、『阿弥陀経』の舎利弗の物語となってあらわれ、光となり、影となり、何よりも浄土からの〝こだま〟となって、現代社会を生きる私たち一人ひとりに届けられているのです。

「舎利弗よ、舎利弗よ」、それがあなたへの呼び名となって〝こだま〟します。ただ念仏を称えなさい、とにかく念仏を称えなさいと。

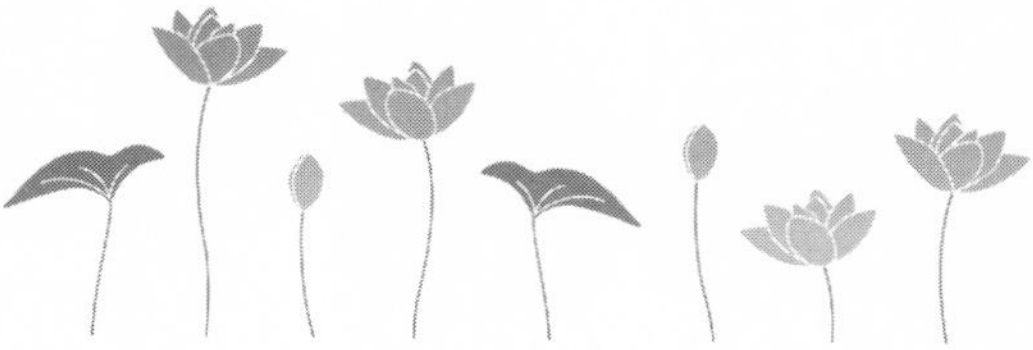

【註釈】

(1)『涅槃経』の雪山童子の物語は、釈尊の前世物語として有名です。釈尊の前世の雪山童子と、羅刹に化けた帝釈天との間にかわされた「無常偈」(「諸行無常　是生滅法　生滅滅已　寂滅為楽」)は、日本の「いろは歌」(色は匂へど散りぬるを　我が世誰ぞ常ならむ　有為の奥山今日越えて　浅き夢見じ酔ひもせず)の元になっているとも言われています。

『般若経』には、衆生の苦しむすがたを見て常に啼いている常啼菩薩の物語、『華厳経』には、五十三人の善友のもとを次々と訪ねて教えを請う善財童子の物語、『維摩経』には、釈尊の直弟子の著名な出家者たちに対して「空」の教えから痛烈な批判を浴びせるという在家の維摩居士の物語、『勝鬘経』には、両親の勧めで釈尊に帰依し三つの大きな誓願を起こした在家女性の勝鬘夫人の物語などがあります。

(2)『大無量寿経』(以下『大経』)の法蔵菩薩の物語。国王という地位を捨てた法蔵が、世自在王仏をたずね、広大な志のもと、この上ない願いを発しました。法蔵は、世自在王仏との間に交わされる問答を通して四十八の誓願をたて、五劫という永い思惟・修行によって、苦悩する一切の人々を救うために浄土を建立しました。願いが成就したことによって、一切の人々を救うための手立ては、「ただ弥陀の名を称えなさい」という一点だけです。その称名念仏へと人々を導くための法蔵菩薩の物語が、いまも「正信偈」の唱和などを通して、私たち真宗門徒に語り継がれています。

『観無量寿経』(以下『観経』)の韋提希夫人の物語。后である韋提希の息子の阿闍世が、父の頻婆沙羅王を殺めようとする悲しい物語です。韋提希は「世尊、我、宿《むかし》何の罪ありてか、この悪子を生ずる」（九二頁）と、現代の身内の問題に通じるような愚痴を言います。また、頻婆沙羅王との間で子どもを授かるための悪しき行為（王が仙人を殺めたり、自らが子どもを高台から産み落とす）を棚上げして自らを顧みず、「どうしたら苦しみから逃れ、楽になる浄土へ生まれることができるのか」と釈尊に問いたずねます。釈尊は、韋提希の機根に応じて、浄土門の要となるさまざまな観法（日想観などの定善十三観）と平行するかのように、あらゆる衆生の機根に応じる散善九品を説いていきます。凡夫である韋提希が救われていく具体的な経緯は説かれていませんが、すべての人々が最終的に念仏を称え浄土へ往生することを願う物語です。

（3）河合隼雄著『物語を生きる——今は昔、昔は今』（岩波書店、二〇一六年）より。河合隼雄は、一九二八年兵庫県生まれ。臨床心理学者、京都大学名誉教授。京都大学理学部数学科卒業後、アメリカ留学を経て、スイスのユング研究所で日本人初のユング派分析家の資格を取得、ユング分析心理学の日本の第一人者となりました。国際日本文化研究センター所長、文化庁長官を歴任。谷川俊太郎、村上春樹、佐渡裕など、作家・音楽家とも深い交流を持ち、幅広く活躍しました。『こころの処方箋』『昔話と日本人の心』（大佛次郎賞）『明恵　夢を生きる』（新潮学芸賞）ほか著書多数。二〇〇七年七月一九日没。

（4）『阿弥陀経』は序分・正宗分・流通分で構成されます。正宗分は「その時に、仏、長老舎利弗に告げたまわく」（一二六頁一行〜）で始まり、終わりまで（〜一三三頁下段一六行）、舎利弗に呼びかけている様子を描いています。

(5)仏弟子からの問いかけはなく釈尊自らが説いた経典であるため、『阿弥陀経』は「無問自説経」と言われています。通常、経典の序分は「証信序」(「通序」)と「発起序」(「別序」)に分けられます。「証信序」とは、六事成就(信・聞・時・主・処・衆)が、「発起序」は、その経典が発起するいわれがそれぞれ説かれています。『大経』(阿難の問い)や『観経』(韋提希の問い)と異なり、『阿弥陀経』には問いがないので「発起序」はありません。

(6)『阿弥陀経』漢訳者の鳩摩羅什は「執持名号」、いわゆる「名号に執われ持つ」という独特な表現をしています。さまざまな善行(定善十三観と散善九品)を積むことを主要とした『観経』の流れを受け、とにかく名号ひとつにとらわれ、たもちなさいという自力の念仏による独特な表現だと思います。

・親鸞は「執持」について次のように述べています。

『経』に「執持《しゅうじ》」と言《のたま》えり、また「一心」と言《のたま》えり。「執」の言は心堅牢《しんけんろう》にして移転せざることを彰《あらわ》すなり、「持」の言は不散不失に名づくるなり。

(『教行信証』化身土巻、『真宗聖典』三四五頁)

(7)本来、声聞は、教えを聞くものという仏弟子のことですが、縁覚と同じで、仏の教説に従って修行し自己の解脱のみを目的とする出家の聖者のことです。仏を尊重するあまり、仏陀は世に一人だけであり、自分たちは仏陀ではなく自らの判断で阿羅漢になるという信仰にもとづくようになりました。四諦(苦・集・滅・道)の教えによって修行し、四沙門果(預流果・一来果・不還果・阿羅漢果)を悟って身も心も滅した「無余涅槃」に入ることを目的とします。また、縁覚は「辟支仏」に成ると言われ、独りで縁起の理法を覚りましたが、その後、他者に法を説かないことから独覚と呼ばれ、それ故に他者に知られることのない架空の存在となります。いずれにしても、釈尊を慕っているとはいえ、成仏する仏道と相反する道を歩もうとすることは、結果的に釈尊を信頼していないということになります。

・声聞は、縁覚と呼ばれる存在とともに「二乗」と呼ばれています。鳩摩羅什訳『妙法蓮華経』（以下『法華経』）では、仏の一乗・真実の思想に対応して、三乗（声聞・縁覚・菩薩）・方便の思想が展開されています。

・龍樹は、『十住毘婆沙論』（「易行品」）において、声聞と縁覚の二乗地に墜ちることは「菩薩の死」であると名づけています。地獄に墜ちても仏に成れますが、二乗地に墜ちれば、いずれ仏道を妨げ、仏には成れないと説いています。地獄に墜ちることよりも二乗地に墜ちることの方が、大いなる恐怖だというのです。

もし声聞地及び辟支仏地に墜するは、これを菩薩の死と名づく。則ち一切の利を失す。もし地獄に堕するも、是の如き畏れを生ぜず。もし二乗地に堕せば、則ち大怖畏と為す。地獄の中に堕すも、畢竟じて仏に至ることを得るも、もし二乗地に堕せば、畢竟じて仏道を遮す。（『聖教全』一・二五三頁）

（8）鳩摩羅什訳『維摩詰所説経』（以下『維摩経』）の「不思議品」では、声聞は菩提心を発する根が絶たれた「敗種」と名づけられています。

智者は是を聞きて、それ誰か阿耨多羅三藐三菩提心を発せざらん。我ら何すれぞ、永くその根を絶ち、この大乗に於いて已に敗種の如きや。一切の声聞は是の不可思議解脱門を聞きて、皆応に号泣し、声、三千大千世界に震わす。（筆者書き下し）（『大正蔵』一四・五四七上）

（9）教相判釈については『改訂　大乗の仏道』（東本願寺出版）で次のように詳説されています。

【註 釈】

このように種々の経典が出そろうと、それらの教説の間に大きな差異のあることが注意され、なかには互いに矛盾すると受け取られるような経説もあって、混乱が生ずるにいたった。もともとインドでは、地域的、歴史的な要因から種々の実情に応じて経典が成立していたが、中国への伝来は、それらの事情にかかわりなく、また成立の順序に従うこともなかったので、多様な経説をすべて仏陀釈尊の直説として受け入れることとなったからである。そこで、個々の経典の内容を理解するにとどまらず、仏教を全体的に把握し、そこから個々の経典を位置づける必要が生じてきた。そのような中国仏教における固有の課題を解決するために考え出されたのが「教相判釈《きょうそうはんじゃく》」である。

教相判釈とは、多くの相《すがた》を判別して解釈を施すというほどの意味で、略して「教判」ともいわれる。それは、経典をすべて釈尊の生涯において説かれた教えであるとして、その教えの順序次第はどうであったかを見究める努力であった。またそれは、説き方や内容が相違する種々の経典の教えを分類整理し、そこに一定の体系を見出して、その究極となる教えを見定めることでもあった。したがって教相判釈は、各経典の所説を比較して、仏教の核心を明らかにするという、きわめて主体的な経典解釈であった。

—（中略）—

このように多くの教判説が発表されたが、それらはいずれも南朝において主流を占めた『涅槃経』の研究にもとづくものであった。しかしやがて、仏陀の出世の目的を説く『法華経』こそが究極の経であるとする教判説が生まれ、それが、隋代に入って天台智顗の五時八教の教判となって完成するのである。

（真宗大谷派教師養成のための教科書編纂委員会編『改訂　大乗の仏道――仏教概要』東本願寺出版、二〇一六年、二四三～二四六頁）

天台智顗によれば、教相判釈は『法華経』によって完結されると見るのですが、『涅槃経』を落ち穂拾いと言い、『法華経』で言い切れなかった細かな内容を補足する立場にあると見ています。智顗は、『法華経』において「菩薩の死」「敗種」と言われる二乗が成仏する道理を示された以上、『涅槃経』の「一切衆生悉有仏性」の道理は必然であるとしています。

(10) これについて、『維摩経』には次のようにあります。

その時に舎利弗、仏の威信を承けて是の念を作さく、「もし菩薩の心浄ければ則ち仏土浄しとは、我が世尊、本菩薩たりし時、意豈に浄からざらんや、而も是の仏土の不浄なること此の若くならんや」と。仏その念を知り、即ち之に告げて言わく、「意に於いて云何ん。日月豈不浄ならんや。而も盲者は見ず」。対えて曰く、「不なり、世尊よ、此れ盲者の過にして日月の咎に非ず」と。「舎利弗、衆生の罪の故に如来の仏国の厳浄なるを見ず。如来の咎に非ず。舎利弗、我が此の土は浄けれども、汝は見ざるなり」。その時に螺髻梵王、舎利弗に語るらく、「是の念を作して此の仏土を謂て似て不浄なりと為すこと勿れ。所以は何ん。我れ釈迦牟尼仏の土の清浄なることを見ること、譬えば自在天宮の如し」。舎利弗言わく、「われ此の土を見るに、丘陵坑坎、荊棘沙礫、土石諸山、穢悪充満せり」と。螺髻梵王言わく、「仁者心に高下有りて仏慧に依らざるが故に、此の土を見て不浄と為すのみ。舎利弗、菩薩は一切衆生に於て悉く皆、平等にして深心清浄に仏の智慧に依れば、則ち能く此の仏土の清浄を見るなり」。是に於て仏、足の指を以て地を按したまうに、即時に三千大千世界、若干百千の珍宝をもて厳飾することと、譬えば宝荘厳仏の無量功徳宝荘厳土の如し。一切の大衆未曾有なりと歎ず。而も皆自ら宝蓮華に坐することを見る。仏、舎利弗に告げたまわく、「汝且く是の仏土の厳浄なることを観よ」と。舎利弗言さく、「唯然り世尊、もと見ざる所、もと聞かざる所なり、今、仏国土の厳浄悉く現ず」。（筆者書き下し）

（『大正蔵』十四・五三八下）

(11) これについて、『法華経』には次のようにあります。

その時世尊、三昧より安詳として起ちて、舎利弗に告げたまわく。諸仏の智慧は甚深無量なり。その智慧の門は難解難入なり。一切の声聞、辟支仏の知ること能ざる所なり。所以は何ん。仏、かつて百千万億の無数の諸仏に親近し、ことごとく諸仏の無量の道法を行じ、勇猛精進して、名称普く聞こえたまえり。甚深未曾有の法を成就して、宜きに随って説きたまえれば意趣解し難し。―（中略）―止みなん、舎利弗よ。須く復た説くべからず。所以は何ん。仏の成就したまえる所は、第一希有、難解之法なり。唯だ仏と仏とのみ乃ち能く諸法の実相を究尽したまえり。

―（中略）―

その時に大衆の中に、諸の声聞にして漏尽の阿羅漢たる阿若憍陳如等の千二百人、及び声聞、辟支仏の心を発せる比丘比丘尼、優婆塞優婆夷あり。おのおの是念を作さく。今世尊は、何が故に慇懃に方便を称歎して是の言を作したまう。仏の得たまえる所の法は、甚深にして解り難く、言説したまう所あるは意趣知り難し。一切の声聞辟支仏の及ぶこと能わざる所なり。仏、一解脱の義を説きたまいしかば、我らもまた此の法を得て涅槃に到れり。今、是の義の所趣を知らず。その時に舍利弗は、四衆の心の疑を知り、自らもまた了らずして仏に白して言さく。世尊よ、何の因、何の縁ありてか、慇懃に諸仏の第一の方便、甚深微妙、難解の法を称歎したまうや。我、昔よりこのかた未だ曾て仏より是の如き説を聞きたまわず。今、四衆は咸く皆疑ひあり。唯だ願わくば世尊よ、この事を敷演したまえ。世尊は何が故に慇懃に甚深微妙、難解之法を称歎したまうや。

―（中略）―

その時に仏、舍利弗に告げたまわく。止みなん止みなん。須く復た説くべからず。若し是の事を説かば、一切世間の諸の天及び人は皆、驚疑すべし。舍利弗は重ねて仏に白して言さく。世尊よ、唯だ願わくば之を説きたまえ、唯だ願わくば之を説きたまえ。所以は何ん。この会の無数百千万億阿僧祇の衆生は、かつて諸仏を見たまえり、諸の根は猛利にして智慧明了なれば、仏の所説を聞いて則ち能く敬信せん。その時に舍利弗、重ねて此の義を宣べんと欲して偈を説きて言わく。

―（中略）―

仏復た止みなん舍利弗よ、若し是の事を説かば、一切世間、天人阿修羅は皆當に驚疑すべし。増上慢の比丘は、将に大坑に墜つべし。その時世尊、重ねて偈を説きて言わく、

―（中略）―

その時に舍利弗、重ねて仏に白して言さく。世尊よ、唯だ願わくば之を説きたまえ。唯だ願わくば之を説きたまえ。今この会中の我が如き等此百千万億なるは、世世に已でに曾て仏より化を受けたり。

此の如き人らは必ず能く敬信し長夜安穏にして饒益する所多し。

―（中略）―

その時世尊、舎利弗に告げたまわく。汝已に慇懃に三たび請う。豈説くべからざることを得んや。汝今諦らかに聴き、善く之を思念せよ。吾れ當に汝が為に分別し解説すべし。此の語を説きたまう時、会中に比丘比丘尼、優婆塞優婆夷、五千人等あり。即ち座より起ち仏を礼して退きぬ。所以は何ん。此の輩は罪根深重に及び増上慢にして未だ得ざるを得たと謂い、未だ証せざるを証せりと謂えり。此の如き失ありて是を以て住せず。世尊黙然として制止せず。その時に仏、舎利弗に告げたまわく、我今この衆は復た枝葉なく純ら貞実のみあり。舎利弗よ、是の如き増上慢の人は退くも亦た佳し。汝今善く聴け、當に汝が為に説くべし。（筆者書き下し）

（『大正蔵』九・五中～七上）

【註釈】

・続いて『法華経』（「譬喩品」）では、舎利弗が自ら声聞に甘んじている過ちを認め、悟っていないにもかかわらず悟っていたと思い込んでいた自らの咎を認めています。釈尊は舎利弗に対して、「私は昔より汝に仏と成る道を教えていたのだが、汝は今ことごとく忘れて、自らすでに滅度を得たと思い込んでいた。そこで汝に本来の願いである仏道を憶い起こさせるために、諸々の声聞に向けて大乗の経である『法華経』を説いたのだ」（『大正蔵』九・十中～十一中、筆者取意）と告げています。舎利弗は、釈尊より「華光如来」という名で授記されます。

・『阿弥陀経』のなかの舎利弗は、声聞としての咎を認め釈尊より授記される前なのか後なのかはわかりません。それによって舎利弗の見方が変わってくることはあるかと思います。ただ、たとえ授記された舎利弗だとしても、声聞という本質的なことは変わりません。いずれにしろ『阿弥陀経』が『法華経』の内容を踏まえて説かれたものなのかどうか、それは経典の成立史的な課題ですが、ここでは追究しません。

(12)『仏説無量寿経』、『真宗聖典』五〇頁。

(13)宮城顗著『仏弟子群像』真宗大谷派名古屋別院、二〇一二年、三四頁参照。

(14)同前書、三七～三八頁参照。

(15)中国の教相判釈にもとづけば、声聞への授記は、経典のなかでは『法華経』が初めてです。その『法華経』では、はじめに舎利弗一人が授記されました（「譬喩品」）。次いで摩訶迦葉・大目犍連・須菩提・摩訶迦旃延の四大声聞が授記されています（「授記品」）。また五〇〇の阿羅漢が授記され（「五百弟子授記品」）、さらに阿難をはじめ、学無学の二〇〇〇人が授記されています（「授学無学人記品」）。

(16)『阿弥陀経』冒頭に記されている一二五〇人の大比丘たちとは大阿羅漢であり、周りから供養をうけ、尊重され仰がれるという意味合いにおいて「知識せられたり」と述べられています。

大比丘衆千二百五十人と倶なりき。みなこれ大阿羅漢なり。衆に知識せられたり。（一二五頁）

(17)『法華経』と『大経』では、出世本懐についてそれぞれ次のように説いています。

諸仏世尊は、ただ一大事因縁を以ての故に、世に出現したまう。舎利弗よ、云何なるをか諸仏世尊は、ただ一大事の因縁を以ての故に世に出現したまうと。諸仏世尊は、衆生をして仏知見を開かしめ、清浄なることを得せしめんと欲するが故に、世に出現したまう。衆生に仏知見を示さんと欲するが故に、世に出現したまう。衆生をして仏知見を悟らしめんと欲するがゆえに、世に出現したまう。衆生をして仏知見の道に入らしめんと欲するがゆえに、世に出現したまう。舎利弗よ、これを諸仏は、ただ一大事の因縁を以ての故に、世に出現したまうと。（筆者書き下し）　（『大正蔵』九・七上）

如来、無蓋《むがい》の大悲《だいひ》をもって三界《さんがい》を矜哀《こうあい》したまう。世に出興《しゅっこう》したまう所以《ゆえ》は、道教を光闡《こうせん》して、群萠《ぐんもう》を拯《すく》い恵むに真実の利をもってせんと欲《おぼ》してなり。　（『大経』、『真宗聖典』八頁）

・同じ出世本懐を説く『法華経』と『大経』との決定的な違いについて横超慧日氏は、親鸞がなぜ『法華経』から『大経』に帰結したのかという観点を次のように説かれています。

然し法華経が如来の出世本懐を達成したものと見る以上の見方に対して、ここに別な見解がある。それは何かと言えば、如来の出世本懐は無量寿経に於て達成されたと見る見方であって、即ち親鸞聖人の立場がそれであった。親鸞聖人は如何なる理由によってかく見られたのであろうか。今親鸞聖人の見解に従えば、その根拠は次の如きものであったと考えられる。あらゆる人々を仏たらしめることが如来の出世本懐であることは確かに法華経や無量寿経に説かれる如くそれに相違がないのであるけれども、重要なことは、すべての人が仏になるということの宣言ではなく、すべての人を如何にして仏にするかという具体的方法を示すことでなければならぬ。法華経では、すべての人が仏になる、否仏にさせずにはおかぬというので仏が種々に方便せられるその大慈悲心が明かされている。然しどのようにして仏になれるであろうか、その肝心な所が明かでない。然るに無量寿経は云何。無量寿経には念仏によって浄土に往生させ、往生によって成仏させるという確実な道が説かれている。そうしてみれば、すべての者を仏にするという如来の出世本懐は、この無量寿経においてこそ達成せられたというべきではないか。親鸞聖人が、無量寿経を以て顕真実教となし、「如来興世の正説・一乗究竟の極説」とせられたのは、正しくこうした所に根拠があったものとうかがわれる。

（横超慧日著『法華経序説』法藏館、一九九一年、二四～二五頁）

・親鸞は『一念多念文意』において、『阿弥陀経』を「無問自説経」という視点から出世本懐の経典であると述べています。

『阿弥陀経《あみだきょう》』に、「一日《いちにち》、乃至《ないし》七日《にち》、名号《みょうごう》をとなうべし」と釈迦如来《しゃかにょらい》ときおきたまえる御《み》のりなり。この経は「無問自説経《むもんじせつきょう》」ともうす。この経をときたまいしに、如来《にょらい》にといたてまつる人もなし。これすなわち、釈尊出世《しゃくそんしゅっせ》の本懐《ほんがい》をあらわさんとおぼしめすゆえに、無問自説《むもんじせつ》ともうすなり。

（『一念多念文意』、『真宗聖典』五四〇頁）

(18)『法華経』では、一乗（一仏乗）が真実であり、三乗（声聞乗・縁覚乗・菩薩乗）は方便とする法華一乗思想が展開されています。三乗とは、それぞれの性格や能力に応じて説かれたものであり、一乗へと導かれるための方便にほかなりません。ただ、三乗そのものは真実ではありませんが、一乗へと導かれるためには必要不可欠な方便ということです。その方便の三乗それぞれの性格や能力の違いはあっても、究極的にはすべて平等に真実なる一乗に帰すとされます。

(19) 藤田宏達氏の論考「親鸞聖人と浄土三部経」（『眞宗研究』第四十五号、真宗連合学会、二〇〇一年）によれば、浄土三部経は「初めからまとめて編纂されたものではなく、成立史的には前後関係が認められ」ており、『大経』・『阿弥陀経』と『観経』を比較すれば、『観経』がかなり遅れて成立したものであると言われています。

また藤田氏は、「この三経は一致する面があるということを示される解釈法として、「化身土巻」では「顕彰隠密」の義を説かれます。これは『浄土文類聚鈔』では「隠顕」という言葉で示されますが、顕の立場では三経はそれぞれ異なっているけれども、隠の立場では完全に一致するとされているわけです。「化身土巻」の言葉では「三経の大綱、顕彰隠密の義有りと雖も信心を彰して能入とす」というように三経一致の立場が示されるのであります」（同書、二五八頁）と述べています。

・親鸞における浄土三部経それぞれの見方について、筆者は天台智顗における教相判釈の影響を受けていると考えています。拙稿「（続）『法華経』から『大無量寿経』へ——天台五時教判論と浄土三部経の交際論との類似性——」（金沢教区教学研究室機関誌『白道』十号、二〇〇三年）参照。

(20)『大経』の願成就による称名念仏を前提にしながらも、『観経』のなかには「汝好《なんじょ》くこの語《ことば》を持《たも》て。この語《ことば》を持《たも》てというは、すなわちこれ無量寿仏《むりょうじゅぶつ》の名《みな》を持《たも》てとなり」（『真宗聖典』一二二頁）とあって、『阿弥陀経』へと連動させる要素が含まれています。また、『阿弥陀経』のなかにも「舎利弗《しゃりほつ》、少善根福徳《しょうぜんこんふくとく》の因縁《いんねん》をもってかの国に生ずること得《う》べからず」（一二九頁）とあって、『観経』の内容を受けて称名念仏へと導いています。

(21)『阿弥陀経』では、阿弥陀仏を阿弥陀仏と名づける所以を次のように説いています。

舎利弗、かの仏の光明、無量にして、十方の国を照らすに、障碍《しょうげ》するところなし。このゆえに号して阿弥陀《あみだ》とす。また舎利弗、かの仏の寿命およびその人民《にんみん》も、無量無辺阿僧祇劫《むりょうむへんあそうぎこう》なり、かるがゆえに阿《あ》弥陀《みだ》と名づく。舎利弗《しゃりほつ》、阿弥陀仏《あみだぶつ》、成仏《じょうぶつ》より已来《このかた》、いまに十劫《じっこう》なり。

（一一八頁）

(22) 親鸞は凡人と聖者、世間（素）と出家（緇）との違いを意識しながらも、斉しく弥陀の本願海に回入することを説いていきます。いわゆる凡人であろうが聖者であろうが、凡人は凡人のままに、聖者は聖者のままに、ともに弥陀の信心によって救われていく存在だということを『教行信証』には次のように記しています。

凡聖《ぼんしょう》、逆謗《ぎゃくほう》、ひとしく回入《えにゅう》すれば、衆水、海に入りて一味なるがごとし。

（行巻、『真宗聖典』二〇四頁）


『釈』（散善義）に、「不簡内外明闇《ふけんないげみょうあん》」と云えり。「内外《ないげ》」とは、「内」はすなわちこれ出世なり、「外」はすなわちこれ世間なり。「明闇《みょうあん》」とは、「明」はすなわちこれ出世なり、「闇」はすなわちこれ世間なり。また「明」はすなわち智明《ちみょう》なり、「闇」はすなわち無明《むみょう》なり。

（信巻、『真宗聖典』二三七頁）

おおよそ大信海を案《あん》ずれば、貴賤《きせん》・緇素《しそ》を簡《えら》ばず
（信巻、『真宗聖典』二三六頁）

(23) 『阿弥陀経』では、仏に成れないと言われる仏弟子の声聞でも、声聞のまま極楽国土に往生すると説いています。

また舎利弗、かの仏に無量無辺の声聞《しょうもん》の弟子あり、みな阿羅漢《あらかん》なり。これ算数《さんじゅ》の能《よ》く知るところにあらず。もろもろの菩薩衆《ぼさつしゅ》もまたまたかくのごとし。舎利弗《しゃりほつ》、かの仏国土《ぶっこくど》には、かくのごときの功徳《くどく》荘厳《しょうごん》を成就せり。

（一二八頁）

(24) 善導の『法事讃』は上・下二巻の三つ（前行分・転経分・後行分）によって構成され、上巻の後半か

ら下巻の「転経分」にかけて、懺悔が展開されています。その中心は我々の十悪（殺生・偸盗・邪淫・妄語・綺語・悪口・両舌・貪欲・瞋恚・愚痴）における懺悔です。懺悔を通して、至心に阿弥陀仏に帰命し、浄土往生の願いを徹底していくことが説かれています。

竹中智秀氏は「『法事讃』を読みますと、懺悔、罪業観というものが非常に問題になっています。そういう非常に深い罪業感、懺悔というものが、浄土を欣求し、願生していく大きなきっかけにもなって展開されていることがあります」（竹中智秀著『浄土真宗の儀式の源流――『法事讃』を読む』東本願寺出版、一八頁）と述べています。

このように、『阿弥陀経』が懺悔の行道として捉えられている側面から考えても、対告衆の舎利弗がなぜ黙っていたのか、その課題と自ら懺悔するすがたとは決して無関係ではないと思います。

(25)『維摩経』（「弟子品」）には、舎利弗が有無の二見にとらわれ、維摩居士にやりこめられるシーンが取り上げられています。すなわち、「本当の坐禅とはどういうことなのか」という課題のなかで、維摩は、迷いの世界から離れられるものではなく、凡夫の日常生活のなかにこそ理想的な立ち居振る舞いをすべきだと言うのです。世間と出家、生活と修行、内面と外面、煩悩と涅槃など、それらを対立概念として捉えてしまう舎利弗が描かれています。

また「観衆生品」では、天女と舎利弗との問答が展開されています。天女の散華を通して、舎利弗の戒律による分別意識が問われています。さらに舎利弗は女性のすがたに変えられ、そこには現代に通じる男女の性（ジェンダー）の問題が説かれています。いずれも舎利弗は分別心にとらわれ、それを大乗仏教の分別を超えた境地から、在家信者の維摩によって批判されます。

・親鸞は、有無の二見をこえていく中道観を、次のように語っています。

南天竺《なんてんじく》に、龍樹大士世《りゅうじゅだいじ》に出《い》でて、ことごとく、よく有無《うむ》の見を摧破《ざいは》せん。

(『教行信証』行巻、『真宗聖典』二〇五頁)

解脱《げだつ》の光輪《こうりん》きわもなし　光触《こうそく》かぶるものはみな

有無《うむ》をはなるとのべたまう　平等覚《かく》に帰命《きみょう》せよ

(『浄土和讃』、『真宗聖典』四七九頁)

(26) 親鸞は『阿弥陀経』の和讃において、十方(六方)諸仏の「証誠護念」という言葉を用いています。

十方恒沙《じっぽうごうじゃ》の諸仏は　極難信《ごくなんしん》ののりをとき

五濁悪世《じょくあくせ》のためにとて　証誠《しょうじょう》護念せしめたり

(『浄土和讃』、『真宗聖典』四八六頁)

また『愚禿鈔』では次のように述べています。

『小経《しょうきょう》』に、勧信《かんしん》に二、証成《しょうじょう》に二、護念《ごねん》に二、讃嘆《さんだん》に二、難易《なんい》に二。

(『愚禿鈔』、『真宗聖典』四二六頁)

(27)『改訂　大乗の仏道——仏教概要』(東本願寺出版、二〇一六年)には、「大乗経典の起源と成立については、異説が多く、確定説はないというのが現状である」(一三九頁)と述べています。それでも、在家信者によって生み出されたという一説は否定されているわけではありません。家庭や職業をもつ在家信者が、その日常の生活のなかで仏教をどのように捉えるか、その視点は大乗経典のなかに色濃く反映されたと考えられ、その代表的な経典が『維摩経』だと言われています。

【註 釈】

・『維摩経』（「仏道品」）では、決（煩悩）を断じた声聞は、如来の種を失っているので菩提心を発することはできないが、凡夫は五逆罪を犯しても無上意を発することができると、次のように述べています。

その時、大迦葉歎じて言く、「善哉善哉、文殊師利、快く此の語を説く、誠に言う所の如し。塵労の儔は如来の種なり。我等今復た阿耨多羅三藐三菩提心を発すに堪任せず。乃至、五無間の罪猶お能く意を発して仏法を生ず、而るに今我等永く発すこと能わず。根敗の士のそれ五欲に於いて復た利すること能わざるが如し。是の如く声聞、諸決断ずるは、仏法の中に於いて復た益する所無し、永く志願せず。是の故に文殊師利、凡夫は仏法において反復する有り、而して声聞は無きなり。所以は何ん。凡夫は仏法を聞きて能く無上道心を起こして三宝を断ぜず。たとい声聞は終身まで仏法の力無畏等を聞けども、永く無上道意を発すること能わず。（筆者書き下し）　（『大正蔵』一四・五四九中）

〔筆者和訳〕その時、大迦葉（頭陀第一）は感動して言われた。「本当に仰る通りです。文殊師利よ。快くこの言葉を説かれました。塵労の儔（煩悩）こそ仏に成る種だと。我ら（声聞）は無上のさとりを求めるこころを発すことはできません。乃至、五逆罪の者でさえ、なお無上のさとりを求めるこころを発し、仏に成ることができます。しかし、もはや我ら（声聞）は、永遠にそれを発すことができないのです。五感の感覚を失ったものが、五欲において利益を得られないようなものです。このように声聞で煩悩を断じたものは、仏法においての利益はなく、永く志を発することはできないのです。この故に文殊師利よ、凡夫は仏法の世界に入ったり出たりする反復はありますが、声聞にはそれがないのです。なぜかと言えば、凡夫は仏法を聞いて無上道心を起こして三宝を絶ちません。声聞は、たという身が終わるまで仏法の十力や四無畏などを聞いても、永遠に無上道意を発すことはできないのです。

ここでは凡夫と声聞を比べて、凡夫はむしろ発願するが、声聞はそれがないと説いています。むしろ凡夫であることよりも、声聞であることの問題性が説かれているのです。このような大乗経典の見解を踏まえれば、『阿弥陀経』の説法は、むしろ在家信者の信を得る発願を踏まえて、出家者の舎利弗に「発願せよ」と語っている構図が前提にあるのだと思います。

・『勝鬘経』における在家信者の説法も有名です。釈尊の面前において、国王の后である勝鬘夫人が、在家信者の立場から大乗の教えにもとづいて、伝統的・保守的な仏教の代表である二乗（阿羅漢と辟支仏）を批判します。例えば、「如来は不可思議の功徳を成就するのに対して、阿羅漢・辟支仏は思議されうる功徳を成就しているに過ぎない。それでも涅槃を得るというのは仏の方便である」（『大正蔵』一二・二一九下）などと繰り返し述べられています。

・聖徳太子は、『勝鬘経』『維摩経』『法華経』を註釈した『三経義疏』を記しました。大角修氏は『維摩経・勝鬘経』（角川ソフィア文庫、二〇二二年）に次のように述べています。

そして維摩経と勝鬘経は、徹底して在家信徒の優位を説く。法華経もまた在家主義の強い経典である。そこには「聖徳太子の求めておられるもの」があったのだろうし、日本の仏教の出発点で設置された方向性であった。（同書、三三頁）

・親鸞は「行信を獲る」という観点から、声聞と凡夫との関係性を次のように説いています。

しかれば真実の行信《ぎょうしん》を獲《う》れば、心に歓喜《かんぎ》多きがゆえに、これを「歓喜地《かんぎじ》」と名づく。これを初果に喩《たと》うることは、初果の聖者《しょうじゃ》、なお睡眠し懶堕《らだ》なれども、二十九有《う》に至らず。いかにいわんや、十方群生《ぐんじょう》海《かい》、この行信《ぎょうしん》に帰命《きみょう》すれば摂取《せっしゅ》して捨《す》てたまわず。かるがゆえに阿弥陀仏《あみだぶつ》と名づけたてまつると。これを他力《たりき》と曰《い》う。

（『教行信証』行巻、『真宗聖典』一九〇頁）

真実の行信を獲得すれば、浄土への方向が定まる「歓喜地」と同様、声聞の最高位である初果（阿羅漢）でも、迷いの世界（二十九有）に至ることはありません。ましてや十方の衆生は、真実の行信に帰命すれば摂取して捨てられない、それ故に阿弥陀仏と名づけられる、とあります。

いずれにしろ、声聞である聖者は、真実の行信を獲ることによって迷いの世界に至らないのだから、なおさら一切の衆生は真実の行信に帰命することによって摂取して捨てられないという説得をしています。ここでも、聖者の方が衆生より救われがたき身でありながらも、両者ともに他力によって救われることを述べています。さらに言えば、

願海は二乗雑善《ぞうぜん》の中下の屍骸《しがい》を宿さず。いかにいわんや、人天の虚仮邪偽《こけじゃぎ》の善業《ぜんごう》、雑毒雑心《ぞうどくぞうしん》の屍骸《しがい》を宿さんや。

（『教行信証』行巻、『真宗聖典』一九八頁）

のごとく、親鸞は本願を海に喩えて、本願海は二乗の屍骸を宿さないのであるから、ましてや人天の屍骸を宿さないと、同じような説得の仕方をしています。ここでも親鸞は、大乗経典の流れを受けて、衆生よりも二乗の方が救われがたい立場であることをしっかりと踏まえています。

(28) ここで使われている第二人称の呼び名は「汝等」です。前の六方段における「汝等衆生」を受けての

「汝等」ですから、世間の衆生を除いた出世間の比丘たちに向けているのだと思います。この「汝等」という呼び名は『阿弥陀経』ではこの一回限りです。翻訳者の鳩摩羅什は、内容に応じて、第二人称と第三人称の呼び名を微妙に使い分けているようにも思います。「善男子・善女人」（四回）、そして出世間の「大比丘」（一回）・「比丘」（一回）・「聖衆」（一回）、さらに世間・出世間のどちらにも当てはまる「汝等衆生」（六回）・「衆生」（六回）・「人」（三回）・「人等」（一回）・「人民」（一回）・「諸上善人」（一回）と表現されています。

・『阿弥陀経』の異訳で、玄奘訳の『稱讃浄土佛攝受経』では、鳩摩羅什訳の「このゆえに舎利弗、汝等《なんじら》、みな当《まさ》に我《わ》が語《ことば》および諸仏の所説を信受すべし」のこの箇所を次のように述べています。

是故舍利子。汝等有情。一切皆應信受領解。我及十方佛世尊語。常勤精進如説修行。勿生疑慮。

（『大正蔵』一二・三五一）

羅什訳では「汝等」となっていたのが、玄奘訳では「汝等有情」となっています。前に説かれる玄奘訳の十方段においても、すべてが「汝等有情」と呼びかけています。

このように、羅什は梵語サットバ（sattva）を「衆生」と訳しましたが、玄奘は「有情」と訳しています。それは、生きとし生きるものを、人と動物だけに限り、山川草木は「非情」と訳したことによります。いずれにしても、玄奘訳では、羅什訳とは異なり、第二人称（第三人称）の呼び名は厳密に区別されていないようです。

(29) 善導は『阿弥陀経』にもとづいて著した『法事讃』に次のように述べています。

願わくは往生せん、願わくは往生せん。人天大衆皆囲繞して、心を傾けて合掌し経を聞かんことを願う。仏、凡聖の機と時との悟らんことを知りたまいて、即ち舎利に告げて用心して聴かしめたまう。

（『真聖全』一・五八九頁）

『阿弥陀経』が説かれる「その時」、釈尊は、凡人（世間）と聖者（出家者）の機が熟しまさに今こそ悟ろうとしていると知った上で、舎利弗に用心して聴かせようとしているのです。弥陀の信心を得ることによって、衆生と聖者とがともに一つになる機と時が熟した「その時に」、舎利弗に告げる内容が『阿弥陀経』の本文であり、最後に説かれる難信の法なのだと思います。

『法事讃』にはまた、次のようにあります。

釈迦如来、身子に告げたまうは、即ち是れ普く苦の衆生に告げたまうなり。娑婆六道は安き処にあらず。冥冥たる長夜の闇の中を行く。聖化同居すれども相識らず。

（『真聖全』一・五九六頁）

釈尊が、対告衆の舎利弗に告げているのは、最終的には祇園精舎の出家者をはじめ、世間で苦しんでいるすべての人々に向けてのことです。その上で課題になるのは、釈尊が『阿弥陀経』を語る時、対告衆である舎利弗の「どのような『その時』だったのか」という課題があります。釈尊がこれから語ることを黙っていながらも分かっている舎利弗なのか、それともこころの闇が破られこれまで信じてきたことが分からなくなった舎利弗なのか。いずれにしても、対告衆である舎利弗を介して、釈尊は、弥陀・諸仏の声とともに、念仏往生の救いを、出家・在家を問わず普く苦しんでいる衆生に告げたのだと思います。

【註 釈】

・親鸞の舎利弗に対する見解について一言添えるなら、親鸞が舎利弗についてほとんど言及していないのは、偽りを認めた真仏弟子の舎利弗と親鸞自らを重ね合わせたからだと思います。

(30) 統計数理研究所の「国民性調査」による二〇一三年調査で「信仰とか信心とか」について「もっていない、信じていない、関心がない」と回答した日本人は、二十代が八十七パーセント、三十代・四十代が八十パーセント代、六十代で六十九パーセント、七十代でも五十六パーセントもあります。しかしこの「信じていない」という回答は、「何も信じないこと」を信じている、「無宗教という宗教」を信仰していることになりかねません。人間としてこの世に〝生〟をいただいた以上、「何も信じない」「無宗教」ということはあり得ないのです。なぜなら「何も信じない」「無宗教を信じる」というその中身は、そう信じる自分自身を信じていることになるからです。それはまた、これまでの先代の生き様に対して、ひとかけらの真実も見いだせない自分に甘んじていることになるのです。いずれも偏った「自分教」という宗教を信じていることに他ならないと思います。

【参考文献】（順不同）

横超慧日著『法華経序説』（法藏館、一九九一年）、横超慧日著『法華思想』（平楽寺書店、一九八〇年）、真宗大谷派教師養成のための教科書編纂委員会編『改訂　大乗の仏道――仏教概要』（東本願寺出版、二〇一六年）、藤田宏達著『阿弥陀経講究』（真宗大谷派宗務所出版部、二〇〇一年）、木村宣彰著『注維摩経序説』（真宗大谷派宗務所出版部、一九九五年）、中村元・早島鏡正・紀野一義訳註『浄土三部経（下）』（岩波書店、一九九一年）、中村元『維摩経・勝鬘経』（東京書籍、二〇二一年）、大角修『維摩経・勝鬘経』（角川ソフィア文庫、二〇二二年）、藤場俊基著『親鸞に

【註 釈】

聞く阿弥陀経の意』（樹心社、二〇一五年）、藤場俊基著『阿弥陀経に聞く――極難信から問われる信』（サンガ伝道叢書、二〇二〇年）、一楽　真著『阿弥陀経入門』（東本願寺出版、二〇二〇年）、廣瀬　惺著『阿弥陀経に学ぶ』（東本願寺出版、二〇一九年）、宮城　顗著『仏弟子群像』（真宗大谷派名古屋別院、二〇一二年）、三浦真証著『阿弥陀経を読む――生きる道をたずねて』（仏教教育出版、二〇二二年）、竹中智秀著『浄土真宗の儀式の源流――『法事讃』を読む』（東本願寺出版、二〇一五年）

大窪　康充（おおくぼ　こうじゅう）

1965年石川県白山市（旧松任市）生まれ。真宗大谷派浄土寺住職。大谷大学大学院博士後期課程満期退学。真宗大谷派擬講。金沢教区教学研究室元室長。金沢真宗学院指導主任。

主な論文　「如来性悪説の考察」（『大谷大学大学院研究紀要』通号8）、「「一念三千」説の一考察」（『印度学仏教学研究』通号77）、「廬山慧遠の禅観」（『印度学仏教学研究』通号83）、「天台十乗観法の修行規定について」（『仏教学セミナー』通号59）、「『維摩経』と中国浄土教」（金沢教区教学研究室機関誌『白道』第7号）、「『法華経』より『大無量寿経』へ」（金沢教区教学研究室機関誌『白道』第9号、第10号）、他。

主な著作　『念仏の音が聞こえるとき　『正信偈』『歎異抄』との対話』（法藏館）、『浄土を生きる足音』（編著、北國新聞社出版局）、『念仏の声が宝となるとき　生活にいきる『教行信証』の言葉』（法藏館）

舎利弗の物語――阿弥陀経の黙った主役

二〇二三年十月三十一日　初版第一刷発行

著　者　大窪康充

発行者　花月亜子

発行所　京都月出版
京都市中京区元本能寺南町三六一―一―四〇二
郵便番号　六〇四―八二三一
電話　〇七五―二五七―二一七一

装幀　上野かおる
印刷・製本　モリモト印刷株式会社

ISBN978-4-902938-06-7 C0015